U0165331

邁向
進步效能的政府
－組織改造紀實－

呂學樟 著

朱立倫 序

我們需要什麼樣的政府？

從管理學院跨入政界二十多年來，我持續思考這個問題。有些原則很清楚；例如我們拒絕集權專制，要一個遵循民主的政府。有些選擇卻存在兩難；例如多數民眾希望政府提供更全面的照顧，卻不願意養一個臃腫的大政府。

在更務實的層面，我們更持續面對「如何設計政府組織，如何調整法令，才能回應時代變遷」的挑戰——如何能兼顧專業分工與跨部會整合？如何能建立穩定規範，卻保有速度與彈性？如何能要求紀律，卻同時鼓勵創新？

中華民國開國之初，建國先賢們擘畫的是一個全方面的「大政府」。直到 1980 年代，我們受到新自由主義（neoliberalism）思潮衝擊，目睹彼時英美兩強精簡公部門的努力，才開啟政府組織精簡化的改造工程。

這條路走來格外艱辛，從 1987 年開始研議，歷經了兩度政黨輪替，十六位行政院長，才在 2010 年初三讀通過包括《行政院組織法》修正案、《中央行政機關組織基準法》修正案、《中央政府機關總員額法》與《行政院功能業務與組織調整暫行條例》四項法案。2011 年四月，更通過《行政法人法》，在政府組織改革的法規工程上，拼上一塊關鍵拼圖。

2010 年四法通過時，我恰好擔任行政院副院長，經常與時任國會國民黨團書記長的呂學樟委員交換意見，協調化解行政、立法兩院的歧見，並敦促黨籍立委支持政府組織改造法案。推動法案的阻力著實不小；幸而在當時馬總統、吳副總統，與朝野立委的共同努力之下，能順利完成此一跨時代的法制工程。回顧那段過程，長年在司法與法制委員會耕耘，並多次連任召委的學樟兄，扮演關鍵角色。

吾輩有幸，近來學樟兄提筆梳理那段改革青史，替「政府組織改革基礎五法」的背景脈絡，立法邏輯，牽涉的爭議折衝，留下第一手見證。鑑往知來，本書不只是留下一份歷史紀錄，更能為未來的改革者，指引來途與方向。

在本書出版前夕，立倫很榮幸可以先拜讀本書書稿，除表敬佩，也樂為之序。

韓國瑜 序

　　組織是人的結合，政府組織是國家最重要的基礎；如果沒有政府組織，國家將不成為國家，人民也將無所適從。職是，有識之士莫不重視政府組成及其職掌功能的發揮。

　　晚進世界興起一股新政府運動的潮流，各民主先進國家均希冀將政府組織打造成具有競爭力的企業型政府。我國自民國 85 年蕭萬長擔任行政院院長後，亦極力推動政府再造工程，歷經三度政黨輪替，行政院及所屬部會的組織精簡調整工作，大致告一段落，足堪告慰；不過卻仍有少數部會因為本位主義、私心作祟或其他因素，最後一哩路尚未走通，亦不免有所遺憾！

　　「莫忘世上苦人多」，「臺灣安全，人民有錢」，始終是國瑜從政以來的堅定信念。如何讓臺灣更為安全，人民更為有錢，除取決於領導者的智慧外，政府組織效能與競爭力的高低，亦具有關鍵性的影響力；政府再造工程的重要性可想而知。然而在區域選出的立法委員中，願意投注大量心力，長時間專注於組織改造法案的推動，卻是鳳毛麟角，極其稀有。

　　學樟兄是中國國民黨極為優秀的同志，也是新竹地區頗有好評的民意代表，歷任新竹市議員、國大代表，以及四屆立法委員，服務民眾極為認真周到，議事問政頗為專業用

心。在他長達 14 年的立法委員任期中，對於組改法案的推動，可謂貢獻良多，識者無不讚揚肯定。他現任本黨中央常務委員及新竹市黨部主任委員，出錢出力，用心耕耘，繼續本其法政專業與寶貴經驗，為本黨同志服務，國瑜要藉此機會特別表達敬佩與感謝之意！

國瑜在任職高雄市長及臺北農產公司總經理之前，曾經擔任臺北縣議員及立法委員，經歷背景與學樟兄相似。雖然無緣在立法院共事，但對於他的為人處事與專業問政，卻是久仰不已！欣見學樟兄本其專業與親身經驗，將最重要的組織改造五法，分就其背景、過程與結果予以探討，讓我輩得以瞭解組改工作之艱辛，國瑜深受其專業與用心之感動，在本書出版前有幸先閱讀其書稿，益發感佩，故願為之序！

自序

　　國家要邁向進步的政府，就必須有效率及效能地為民眾服務。在進入 AI 工業 4.0 的現代社會，政府如果不能即時地反應民眾需求，將失去民眾的信任！尤其，龐大的國家機器要運作，強化行政效能的首要前提及基礎，一定要仰賴適度合宜的政府組織架構，人員及法規制度有效的安排與建構。

　　學樟早年在英國求學期間，所學習的是人力資源管理，而那段時間也剛好目睹了英國所進行的一連串政府組織改革計畫，在改革後政府效能提升，進而帶給人民煥然一新的感受，正是我們應該學習的目標。17 年前，學樟踏進立法院，就注意到政府的組織效能不高，服務品質欠佳，非常的不便民，心想有些事「現在不做，明天就會後悔」；復自 1980 年代以來，世界各先進國家就如火如荼開始進行由「大政府」趨向「小而能」政府的寧靜革命；對於臺灣而言，要和國際接軌，自然不能置身在這股改革潮流之外。

　　為了全面提升政府效率與國家競爭力，學樟在立法院服務期間就積極投入推動政府組織改造，不但領銜提案，更主導政府組織改造的各項法案審查工作，且多次向時任總統的馬英九先生報告立法期程及預期之立法效益，並在立法院召開多次公聽會與座談會，廣納各界意見；在擔任國民黨黨團書記長期間也參與協商，貫徹推動組織再造及改革的決心。期盼政府組織可以精簡，行政程序可以簡化，效能可以提

升，公務員的服務品質可以更好，政府能以更便捷、更親民的方式來為老百姓服務；讓整體的國家競爭力，可以在世界上與其他先進國家，一較高下。

但是，在啟動組織改造的工程期間，波折很多，中間遭遇到八八風災、新流感、美國牛肉進口事件，再加上縣市長選舉，焦點似乎都轉移到其他突發的重大事件上，導致這重要政府改造工程受到波及而一再延宕。從民國 77 年即開始規劃的政府組織改造，過去 23 年遲遲無法完成的政府組織改造工程，在當時確實是個改革的契機。雖然過程風波不斷，但在朝野政黨的馬拉松式協商後，總算在民國 99 年 1 月 12 日立法院第七屆第四會期最後一天的最後一刻，深夜 12 時前完成三讀，通過「中央行政機關組織基準法」、「行政院組織法」、「行政院功能業務與組織調整暫行條例」與「中央政府機關總員額法」等組織改造四法，並由總統於 99 年 2 月 3 日公布。確認未來行政院下設 14 部、8 會、3 獨立機關、1 行、1 院及 2 總處，由現有 37 個部會精簡成 29 個機關；而在學樟的堅持下，更創設了「科技部」，負責國家科技政策的統合規劃與研擬，自有助於臺灣未來科技的發展。之後又陸續通過了「行政法人法」，及相關部會的組織法案，達成了過去 23 年都無法完成的不可能任務。而完成這組織改造關鍵的五法工程，可說是為政府組織改造奠定了一個重要的里程碑。

在政府組織改造基礎的五法通過後，2010 年的瑞士洛桑管理學院（IMD）公布的世界競爭力年鑑中，臺灣在全球的排名，已從 2009 年的 23 名進步到 2011 年的第 6 名；其中的政府效能項目大幅進步。可見政府組織改造的明顯成效！

學樟一直想將親身參與的政府組織改造工程記錄下來，然因為民服務及監督問政工作忙碌不已，在奠定政府組織改造重大工程 5 法完成後的今天，終於化為具體行動。而政府組織改造的工程相當龐大及繁瑣，涉及的層面也非常地廣泛，本書除論述組織改造的緣起，及成果與檢討外，僅就學樟實際參與及推動政府組織改造的關鍵五法，即：「中央行政機關組織基準法」、「行政院組織法」、「行政院功能業務與組織調整暫行條例」、「中央政府機關總員額法」及「行政法人法」之立法歷程，加以回顧與闡述。主要在真實紀錄關鍵五法通過的過程與轉折，其中也有部分立法策略及故事。因組織改造之法律皆略顯艱澀，學樟也努力用淺顯易懂的比喻及舉例，儘量讓讀者容易閱讀及入手。

謹將本書獻給曾經參與政府組織改造過程的人員，不論是朝野政黨的政府官員、立法委員、專家學者及各機關公務人員，甚至是國會助理，由於大家的努力，才得以讓政府朝

進步的方向邁進。而本書的編撰完成，也要感謝曾任立法院司法及法制委員會主任秘書的劉昊洲先生、曾任立法院人事處處長現任參事的曾明發先生，及曾任學樟國會辦公室主任的楊凱証先生，還有輔大新聞系的徐湘芸小姐。由於你們的協助，本書才得以順利出版。對於在忙碌的競選過程中特別題序的總統候選人韓國瑜先生，以及在輔選行程滿檔中題序的前新北市長朱立倫先生，讓本書得以增加光采，也要特別致上最大的謝意！

　　「鑑往知來，溫故知新」，政府組織何其龐大，即使現在政府組織改造已完成近八成，但仍有 5 個部會尚未完成組織法的修法，也有因應 AI 互聯網時代的政府 E 化等事務改造，仍待努力；而因政黨輪替，導致部分組織改造事務未能持續積極推動，甚至停擺，實感遺憾！本書期盼藉由過去組織改造的經驗與成果檢視，對於未來政府繼續邁向進步與效能，可以有所助益。而政府組織仍需要不斷地檢討、精進，才能讓民眾持續感受到便捷、快速及貼心的服務，也讓臺灣的競爭力可以一直向上提升。

目次

第一章　緣起

第二章　為組織改造打地基立樑柱－中央行政機關組織基準法的修正

第三章　量身訂製政府的規模－中央政府機關總員額法的制定

第四章　政府組織改造的核心與過渡時期銜接－行政院組織法的修正與暫行條例的制定

第五章　政府機關的法規鬆綁－行政法人化

第六章　結語－進步效能政府的永續發展建言

附錄一　五法條文

附錄二

組織改造行政院二級機關 14 部之組織法條文

組織改造行政院二級機關 8 會之組織法條文

組織改造行政院相當中央二級 4 獨立機關之組織法條文

組織改造行政院所屬 1 行之組織法條文

組織改造行政院所屬 1 院之組織法條文

組織改造行政院所屬 2 總處之組織法條文

第一章

緣起

一　組織概念及意涵

　　任人皆知：人民、領土、主權是國家構成的三大要素；不過有人說，還應加上政府這一要素。如從政府是國家主權的代表，執行國家的公權力；政府是由特別選任的人民所組成，既統治、也服務一般人民的角度觀之，政府是否成為構成國家的第四個要素，或許仍有爭議，但政府的重要性，顯然無可置疑。

　　政府本身是個人造組織，由公務員所組成。政府組織的設計、構成人員的多寡，通常是由中央及地方政治制度所決定，一般分為單一國與聯邦國兩種，或民主政體與獨裁政體兩種。在民主政體下又有內閣制、總統制與委員制的分別。我國基本上屬於單一國，修憲之前偏向內閣制，但修憲後，或名為半總統制，或雙首長制，已明顯偏向總統制。

　　政府改造，亦有稱為政府再造，或新政府運動者，乃針對政府機關事務予以有計畫的改變，以期達到既定的變革目的。廣義的政府改造，包括政府內部的一切改革措施，但狹義的政府改造，僅指政府組織的改造，簡稱組改。我國在 80 年代推動的政府再造，包括組織再造、人力及服務再造、法制再造三大項目，乃偏向廣義的意義；但政黨輪替後，主要針對行政院及所屬部會組織與業務的調整改進，基本上已偏向狹義的意義。不論廣義或狹義，均依法為之，故啟動立法或修法工作，實為政府改造的第一步。

依憲法增修條文第 3 條第 3 項規定：國家機關之職權，設立程序及總員額，得以法律為準則性規定。又中央法規標準法第 5 條第 3 款明定：關於國家各機關之組織，應以法律定之。故除了組織基準法之外，原則上每一機關均應以一組織法律規範之。

正因為組織法律必須以法律定之，且組織改革工程浩大，本書自無法就所有組織改革再造法律一一臚列探討；只能從最具關鍵性的 5 個法律，即所謂組改五法——「中央行政機關組織基準法」、「中央政府機關總員額法」、「行政院組織法」，「行政院功能業務與組織調整暫行條例」、「行政法人法」予以論述，並分別就其立法背景、立法過程與立法結果探討之。在研究方法上除蒐集機關文獻資料外，因筆者實地參與這 5 個法案的立（修）法，而採取所謂的實地觀察法，庶幾能完整呈現組改工程的全貌，最後提出筆者的一些看法，期能提供有司當局及社會賢達參考！

二　組織改造的潮流

政府組織是具有公權力，也擁有最多資源的組織，他不只扮演社會資源分配者、紛爭仲裁者的角色，也是帶領國家往前邁進的引導者。說它是國家發展的引擎與方向盤，絕不為過。

20 世紀以降，在福利國家時代，各民主先進國家傾向「大政府」、「萬能政府」的治理模式，政府一肩挑起所有的公共

事務，為增進公共利益而殫精竭慮。然而因為制度難以盡善盡美，總有缺失存在；加上人謀不臧等因素；「有權力必然腐化，有絕對權力者必然絕對腐化」，致使浪費、貪腐、效能低落等現象層出不窮，連帶的釀成人民不平與不滿，「民主衰敗」、「民主異化」端倪已現，「民粹出頭」的亂象則蠢蠢欲動。

　　1992年，美國兩位學者歐斯本（David Osborne）與蓋伯勒（Ted Gaebler）合著「新政府運動」（Reinventing Government）一書，倡導以企業精神改造政府；強調政府的職能在引導領航，而非親自操槳；故應以改造為具有競爭力的小而美、小而能政府為目標。此書發行不久，即引起各國廣大的迴響。

　　為改革大政府的弊端，增進政府的效能，英國最早在1979年由前首相柴契爾夫人（Mrs.Margaret Hilda Thatcher）推動「續階方案」；前首相梅傑（Sir John Major）1991年接任後，更提出「公民憲章」改革計畫。日本係於1983年提出「新政改革大綱」，並成立行政改革推動本部，積極推動各項改革。美國前總統柯林頓（William Jefferson Clinton）就任後，即指定副總統高爾（Albert Arnold "Al" Gore, Jr.）成立改革委員會，依據1993年通過的政府績效與成果法，全力進行政府再造工程。

　　此外，德國提出「新領航行政模式」（NS），紐西蘭倡導「行政文化重塑運動」（RAC），澳洲採行「公共服務改革」，加拿大推出「行政改革白皮書」，中共對於政府體制亦提出大幅的精簡截併改革。

由此可知，政府再造工程已是舉世不可抗拒、沛然莫之能禦的潮流趨勢；也唯有力行改革，才能面對環境快速變遷的挑戰，在日趨嚴酷的世界局勢中脫穎而出。

三　我國組織改造的經過

由於奉行孫中山萬能政府的遺教，我國早期傾向大政府的架構設計，組織龐大、人數眾多，政府一肩挑起所有的公共事務。在治理上雖然達成經濟繁榮、教育普及、政治民主、社會開放的成就，卻也遭致外界抨擊有：組織臃腫肥大、冗員充斥其間、效能低落不前、貪腐弊端頻仍等問題；人民不滿聲浪遂不時出現。

為回應人民的要求，搭上這波政府再造的浪潮，依第四階段修憲條文，我國在民國87年首先進行精省作案，精簡臺灣省政府的功能與組織，並予以虛級化，其業務大部分移歸中央辦理，少部分交由各縣（市）政府處理。其後推動中央政府組織改造工程，除裁併國民大會外，主要集中在行政院及其所屬部會組織的調整。至於總統府，國家安全會議與其他四院調整的不多。

我國中央政府再造運動，最早可溯自民國86年7月國民大會三讀通過第四階段修憲條文；依該次修憲增修條文第3條

規定，為調整國家機關組織及總員額，得以法律為準則性之規定。同年 9 月，蕭萬長接任行政院長，在首次赴立法院提出的施政方針報告，他明白表示將政府改造列為優先的施政項目。87 年 1 月行政院第 2560 次會議通過「政府再造綱領」，旋即成立「政府再造推動委員會」，將政府再造工程區分為組織再造、人力及服務再造、法制再造三大項目，各項再造工程便如火如荼的展開。

　　民國 89 年 5 月，我國中央政府首度政黨輪替，前總統陳水扁就任總統後，任命林嘉誠為行政院研究發展考核委會（以下簡稱研考會）主任委員，亦積極推動組織改造工作，可惜因朝野對峙，僅於 93 年 6 月立法院三讀通過「中央行政機關組織基準法」，其他則陷入空轉之境。

　　民國 97 年 5 月，政黨再次輪替，前總統馬英九就任後，時任行政院研考會主任委員江宜樺更是積極推動組改工程，多次率領同仁與朝野立法委員溝通座談；當時先後擔任行政院長的劉兆玄、吳敦義亦大力支持。關鍵的組改五法，即：修正「中央行政機關組織基準法」、「行政院組織法」，制定「行政院功能業務與組織調整暫行條例」、「中央政府機關總員額法」等四法，乃能於 99 年 1 月完成三讀立法；而「行政法人法」亦得於 100 年 4 月通過並施行。

　　筆者當時擔任國民黨團組織改造小組召集人，為推動組改，曾擬定組織改造流程圖和立法期程表（圖 1-1、表 1-1），並適時向前總統馬英九報告進度。以下附上向馬前總統報告的「政府組織改造專案報告」書面內容：

政府組織改造專案報告

一、政府組織再造源起

　　我國行政院組織整體基本架構自民國 38 年沿用至今，未曾調整，早已經不符合時代潮流；且歷年來行政院為推動政務需要，陸續增設近 20 個委員會，造成部會組織數量過多，進而導致業務協調、整合與推動上困難，加上政府機關長年以來累積不少官僚化惡習與結構性腐化問題，具體所呈現出來的就是組織臃腫、疊床架屋與員額浮濫，不但不利行政效率，也造成政府財政的負擔，更造成政府在國際間競爭力下降，這也是為什麼自 1980 年代以來，世界各先進國家如火如荼進行由「大政府」趨向「小而能」政府的寧靜革命，然而對已加入 WTO、日益與國際接軌的台灣而言，當然不能置身於這股改革潮流之外，今年 6 月初，美國商會發表 2009 年白皮書，明確的指出台灣近年國際競爭力排名下降，最弱的環節就是政府效能；因此政府組織再造攸關台灣未來發展及台灣在國際間的競爭力。

　　政府改造之主要目標在使政府能獲得「小而能」之基礎。改造的措施不是只有一昧的「組織員額精簡」，把機關、公務員裁掉，而是多元化的層面，包括人力調整、行政機能分離、組織管理分權化、行政法人化、民營化……等。而具體的作法就是組織整併、人事精簡及法規鬆綁；行政機關間的組織整併，透過各機關合組工作圈，就性質相同或近似的業務進行塊狀整合檢討，再來就是去任務化、地方化、法人

1

化及委外化，引進企業精神提高政府效率，更藉由民間跟政府的合作且競爭的關係，使社會總體資源具有最佳配置與使用狀態。

二、政府組織再造推動過程及相關法案

　　民國 77 年，當時國民黨執政下的中央政府，即意識到政府組織改造的重要性，行政院開始著手研擬修正行政院組織法，希望將部會數向下修減，但是歷經 22 年的的推動，至今仍然沒有完成，期間更歷經了政黨輪替，而民進黨政府上台時說要政府改造，總統府還特別成立政府改造委員會，但是 8 年過去，除了國民大會及立法院，在輿論的壓力下，完成廢除及席次減半外，最重要也是最龐大的行政機關改造，在民進黨政府無心推動下，歷經 8 年仍在原地踏步。如今，國民黨政府在國會多數及中央執政的狀況下，在執政不到一年內立即拿出魄力與改革的決心，提出組織改造相關法案於立法院審查，期盼迎頭趕上過去 8 年的空白，在民國 100 年能順利完成政府組織再造。

　　政府改造的相關法案有「中央行政機關組織基準法」、「行政院組織法」、「行政院功能業務與組織調整暫行條例」、「中央政府機關總員額法」及「行政法人法」等 5 案，而其中「中央行政機關組織基準法」已於 93 年 6 月 23 日在國民黨主導下完成立法且公布施行，而其他法案皆因協商未果或因立法院屆期不連續，必須重新提出。

2

　　國民黨不論在朝、在野皆盡力推動政府組織改造，除了「中央行政機關組織基準法」之外，國民黨在立法院都率先提出「行政院組織法」等相關組織改造法案，並召開多次公聽會與座談會，顯示推動政府組織再造及改革的決心。

三、立法過程必須遵守程序正義

　　國民黨推動政府組織再造，雖然有其必要性及急迫性，但也必須遵守程序正義、尊重多元意見，政府組織再造是重大的工程，程序正義一定要維持，歷經多年努力的政府組織再造，如今是改革的契機，不能因為程序瑕疵而為人垢病，甚至使所有的努力前功盡棄；過去，重大如第三屆國民大會修憲工程，歷經數月及數十次會議而通過之修憲案，因為二、三讀時皆採無記名投票，違反國民大會議事規則與修改憲法程序制定及修正憲法增修條文須符合公開透明等原則，而遭大法官會議 499 號解釋宣告違憲而失效，就係因未遵守程序正義。

　　根據憲法增修條文第三條第三項及第四項規定，「國家機關之職權、設立程序及總員額，得以法律為準則性之規定；各機關之組織、編制及員額，應依前項法律，基於政策或業務需要決定之」，這是憲法已經規定的，所以一定要依照憲法來執行，要啟動政府組織再造的工程，準則性的規定一定要先訂，所以 93 年通過的「中央行政機關組織基準法」若無法符合目前改造需求一定要先修訂或是同時進行，不能組織法先過再來量身打造基準法，這是不符合程序正義，也

3

失去準則性規範的意義。基於立法經濟及效率之考量，相關法案「中央行政機關組織基準法」、「行政院組織法」、「行政院功能業務與組織調整暫行條例」應同時併案進行修訂，但也必須遵守程序正義及遵從母法的精神與規定，待此三案審查過後，依據組織規模修訂「中央政府機關總員額法」，再依據功能調整及去任務化等政府功能授權狀況，制定「行政法人法」。

四、國民黨政策方向與立法期程

此次政府啟動組織再造的工程，似乎波折很多，這是本會期的重要法案，如果不能順利通過，將導致規劃期程的民國 100 年無法上路，但是中間遇到 88 風災、新流感、美國牛肉進口事件，再加日前的縣市長選舉，焦點似乎都轉移到其他突發的重大事件上，導致這重要政府改造工程受到相關事件的波及而可能延宕，但是政府組織再造攸關國家競爭力的提升，不僅要加快腳步也要慎重，更必須充分的溝通與廣納各方意見；尤其要兼顧立法院朝野和諧及相互尊重；行政院預定於民國 100 年完成，時間雖然窘迫，亦不可操之過急，正所謂「欲速則不達」；目前政府改造相關法案不論由政府提案或是經由委員提案，皆已送至立法院審查，「中央行政機關組織基準法」、「行政院組織法」、「中央政府機關總員額法」、「行政院功能業務與組織調整暫行條例」及「行政法人法」皆已在司法及法制委員會詢答及逐條討論完畢，甚至召開過相關公聽會，雖然期間遭遇民進黨的無理杯葛，保留協

4

商的條文眾多，但總算出了委員會，但是相信在遵守程序正義下進行及充分的與在野黨溝通，無理的杯葛必不會受社會大眾所接受，在依據立法院職權行使法規定一個月協商期限，協商期滿將可交由院會處理，依目前進度，在兼顧朝野氣氛合諧的狀況下，希望在本月處理完中央政府總預算案後，也可以接著處理政府改造相關法案的協商，必要時，在朝野協商期限屆滿，可依法提交院會或加臨時院會進行處理，希望在立法院本會期休會前可以完成立法及修法的相關工作（如附表：立法期程表），賦予政府組織改造法源，並於法律公布日後至 99 年的一整年時間開始進行相關組織改造工作，民國 100 年 1 月 1 日可如期實施新的政府組織架構，完成政府組織改造。

表 1-1　立法期程表

法案名稱	審查日期	審查狀況
中央行政機關組織基準法部分條文修正草案	98.10.12（須交由黨團協商）98.10.15	委員會審查完竣，交付院會審查前須交由黨團協商
中央政府機關總員額法草案	98.10.12（須交由黨團協商）98.10.16 98.11.19 下午舉行公聽會	委員會審查完竣，交付院會審查前須舉行聽會，並交由黨團協商，公聽會已舉辦完畢，等待協商。
行政院功能業務與組織調整暫行條例草案	98.11.11（須交由黨團協商）98.11.12	委員會審查完竣，交付院會審查前須交由黨團協商
行政院組織法修正草案	98.12.14（須交由黨團協商）98.12.16	委員會審查完竣，交付院會審查前須交由黨團協商
行政法人法草案	98.11.12 98.12.02 召開公聽會	委員會詢答結束，公聽會業於 12/2 召開。另定期繼續審查（委員提案於逐條討論處理）。尚未完成初審
「中央行政機關組織基準法部分條文修正草案」、「行政院組織法修正草案」、「行政院功能業務與組織調整暫行條例草案」及「中央政府機關總員額法草案」	98.12.31 委員會協商完成，交付 99.01.07 院會處理二讀，如順利可通過，如遭杯葛則繼續協商或表決。	預定 1 月份（即立法院第四會期前）完成立法程序。
行政法人法草案	立法院第五會期初於委員會審查。	預定99年上半年可完成立法
	99 年 3 月	行政院獲得法律依據即開始進行相關政府改造工作
	99 年下半年	預留 7 個月時間讓提早退休公務員依照優退離方案辦理優退作業
	100 年 1 月 1 日	新政府組織上路
	101 年 1 月	第八屆立委選舉及第十三屆總統大選

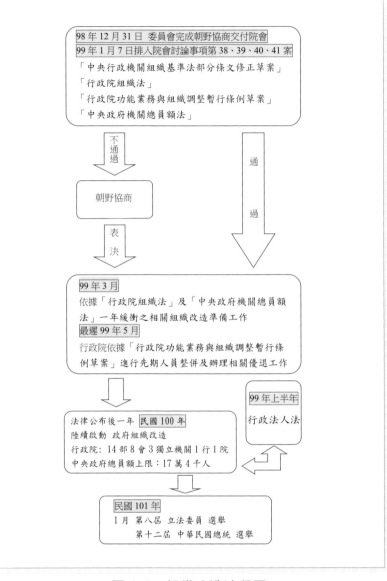

98 年 12 月 31 日 委員會完成朝野協商交付院會
99 年 1 月 7 日排入院會討論事項第 38、39、40、41 案
「中央行政機關組織基準法部分條文修正草案」
「行政院組織法」
「行政院功能業務與組織調整暫行條例草案」
「中央政府機關總員額法」

不通過

通過

朝野協商

表決

99 年 3 月
依據「行政院組織法」及「中央政府機關總員額法」一年緩衝之相關組織改造準備工作
最遲 99 年 5 月
行政院依據「行政院功能業務與組織調整暫行條例草案」進行先期人員整併及辦理相關優退工作

99 年上半年
行政法人法

法律公布後一年 民國 100 年
陸續啟動 政府組織改造
行政院：14 部 8 會 3 獨立機關 1 行 1 院
中央政府總員額上限：17 萬 4 千人

民國 101 年
1 月 第八屆 立法委員 選舉
　　　第十二屆 中華民國總統 選舉

圖 1-1　組織改造流程圖

在這漫長的 20 年中，行政院所屬部會級機關已確定由 37
個部會簡併為 29 個部會，絕大多數部會組織法律業已修正通
過，付諸施行，看似大功告成；然少數機關或因本位主義作祟，
或其他因素考量，仍然原地踏步，功虧一簣，不無遺憾！

104.9.24 呂學樟接見英國國會議員訪華團，力促台英跨國移交受刑
人協議於 2015 年完成簽署。

98.2.11 隨同王金平院長赴歐洲議會訪問。

104.03.18 赴法務部廉政署考察。

104.12.9 赴考試院與伍錦霖院長座談。

102.10.02 質詢研考會主委宋餘俠。

邁向進步效能的政府－組織改造紀實－

第二章

為組織改造打地基立樑柱

－中央行政機關組織基準法的修正

一　修法的環境背景

　　1980 年以來，先進國家紛紛推動「政府再造」（reinventing government）（或稱政府改造）工程，政府再造有三個重要關鍵：一為組織瘦身，二為人事精簡，三為法規鬆綁。我國於民國 85 年國家發展會議做成調整政府角色職能、精簡政府組織及功能業務之結論，即是順應世界潮流的趨勢。民國 86 年第 4 次修憲時，為使行政機關就組織編制或員額能適時因應需要而彈性調整，特別於增修條文第 3 條第 3 項及第 4 項，分別規定有關國家機關職權、設立程序及總員額之準則性立法，以及各機關得在此範圍內自行決定其組織、編制及員額。嗣後依照憲法規定，啟動中央政府組織再造的工程。首先，準則性的規定一定要先制定，93 年通過的「中央行政機關組織基準法」（以下簡稱基準法），即在此一背景下公布施行；惟因若干規定，無法符合目前改造需求，故必須先行修正或同時進行，而不能在行政院組織法通過後再回頭量身打造基準法。因為這不僅不符合程序正義，也失去準則性規範的意義。

　　筆者於民國 86 年時任第 3 屆國大代表，更擔任主席團主席，主持過修憲會議，實際參與修憲任務，因此相當清楚，政府組織改造對於國家的重要性，而為落實國家發展會議對於組織改造的精神與結論，唯有將其納入憲法位階，往後才能據以立法，落實推動政府組織改造。也因為政府組織改造牽涉範圍龐大、複雜，若將司法、考試及監察三院都納入，可能阻礙更多，故當時僅著眼於行政院的組織改造。筆者有幸在第 3 屆國大之後，投入民國 90 年 12 月的第 5 屆立法委員選舉並當選，

在民國 91 年 2 月進入立法院服務，因緣際會之下，進入法制委員會，得以繼續參與推動政府組織改造的工作。

　　基準法是政府組織改造的架構骨幹，之所以稱為基準法，是因為確立之後，行政院所屬的行政機關都必須按照這個規範來走。如同蓋房子一般，必須先把基地範圍劃定、把樑、柱等結構設計好，才能蓋出一棟堅實優質的房屋，而不至於蓋出歪七扭八，甚至會傾倒歪斜的違章建築。為什麼說 93 年通過的基準法無法符合目前改造需求？我們可以想像如同時代的遷移，早期我國居民多居住在三合院所建造的土厝屋或紅磚屋，如今我國人口密度上升，傳統的三合院，甚至連棟的二層樓房，都已經無法滿足需求，唯有高樓大廈才能將二千多萬人口安置。所以我們需要改造架構骨幹，重整地基，方能符合現況。

　　其實，早在民國 88 年第 4 屆立法院時期，當時是國民黨李登輝總統執政，行政院與考試院曾會銜函請立法院審議「基準法草案」。但因為許多政治因素，導致無法審議通過，在立法院通過立法院職權行使法，實施屆期不連續的規定後，基準法的擬案與審議工作，自須從頭來過。

　　到了民國 91 年，民進黨陳水扁總統執政時期，也感受到機關組織龐雜，影響政府整體施政之效能，更關係國家競爭力至鉅，行政院再次會銜考試院提出「基準法草案」；另中國國民黨立法院黨團亦提出基準法草案，立法院呂學樟委員等 46 人並引進行政法人及獨立機關之機關型態，提出基準法草案。上述 3 案經提立法院第 5 屆第 5 會期第 21 次院會完成三讀，總統於民國 93 年 6 月 23 日公布。

基準法完成立法後，曾於 97 年 7 月 2 日修正第 2 條，將警察機關及法務部調查局排除適用。考量基準法為推動行政院組織法改造的主要規範，行政院審酌當時臺灣政經與社會情勢變遷需要，再次檢討「行政院組織法」修正草案，規劃將現有 37 個部會精簡成 29 個部會。其中所提出的部分規劃設計，必須周延妥適研擬相關配套法案及措施，方得順利推展。立基於此一背景，行政院會同考試院研擬基準法部分條文修正草案，於 98 年 4 月 30 日函送立法院審議，擬鬆綁三級以下機關得由行政院以命令設立，及刪除行政院所屬部會、獨立機關、三級機關建制規模標準及其內部單位數之總數上限。相關事項一併提出連動修正。此次基準法修正的理由如下[註]：

(一)鬆綁機關總量管制

　　揭櫫世界各先進國家組織管理經驗，除日本訂有「國家行政組織法」及韓國訂有「政府組織法」外，多未制定基準性組織法律規範。同時，日韓政府組織法律規範，均未對機關組織及其內部單位設置總數鎖定總量管制，況且我國中央三級以上機關依法均須以法律規範其組織，自難適應瞬息萬變的環境變遷，也無法因應新增政務需要迅速調整機關組織，以致造成組織僵化、缺乏彈性與活力。因此，為因應機關組織彈性調整之實際需要，我國宜參照國外經驗，檢討鬆綁並簡化基準法。

[註]　引自立法院公報第 99 卷第 5 期院會紀錄 p410-411。

再者，行政院組織法修正草案既已明定部、委員會之總數及名稱，且基準法第 7 條第 8 款已規範三級機關名稱應明定於二級機關組織法律，因此各級機關之設置並不致於無限制膨脹。此外，立法機關亦可透過預算及總員額之審查，對行政部門做適當的監督。如能進行法規鬆綁，行政院及所屬機關原需提報立法院審議之一、二、三、四級機關（構）相關組織法案也會從目前高達 3 千餘個，大幅簡化到 30 餘個，除了讓行政部門得以因應實際需要彈性調整機關組織設計，也讓立法部門得以減輕立法及修法之負擔，而立法監督仍可藉由審議二級機關組織法時，有效監督其所屬三級機關設置之必要性，行政與立法部門雙贏之局面，即可望產生。

(二)創設多元化組織設計

現行基準法並未賦予機構明確定義，加以未來各獨立機關性質不同，實務運作上亦有待鬆綁。因此，為提供政府因應社會多元需要，多元化組織設計，基準法將明確定義「機構」為「機關依組織法規將其部分權限及職掌劃出，以特殊設備或設施及經營方式以達成特定目的之組織」，並增列社福為機構類型；另考量獨立機關任務屬性之差異，並兼顧行政一體原則，有關其合議制成員專兼任、人數規定及任命方式等，自應於基準法中賦予彈性，乃能應個別獨立機關之特殊需要。

(三)兼顧中央與地方組織設計及人員交流

有鑑於地方制度法業於民國 96 年 7 月 11 日修正公布，縣
（市）政府一級單位定名為處，所屬一級機關定名為局，二級
單位及所屬一級機關之一級單位為科。惟現行基準法規定，中
央四級機關業務單位名稱為課，為兼顧中央與地方行政機關組
織架構設計及人員交流之衡平性，實有檢討修正相關規範之必
要，以應實際需要。

(四)提供行政院組織改造作業之法律依據

基準法提供行政院組織改造的依據。至於行政院組織改造
過程中，有關組織與職掌調整、財產接管、預決算處理、員額
移撥與權益保障、法規制（修）定及其他相關協調配合事項，
均需有所依據並準備就緒，俾利行政院組織法修正條文施行
前，行政院所屬各級行政機關未及修正或制定其組織法規或作
用法時，亦有過渡階段之法律依據，以利啟動新的行政院組織
機能。同時，配合新的行政院組織架構預定於 100 年 1 月 1 日
起實施之規劃，爰將暫行條例之施行期限定為 100 年 1 月 1 日
至 101 年 12 月 31 日；另有關優惠退離措施之施行期限，則定
為 99 年 6 月 1 日至 99 年 12 月 31 日。

(五)維護行政院所屬員工權益，善用人力資源

組織改造成功的關鍵在「人」，組織重整必然牽涉到人員
之移撥與調配及精簡，考量公務人員是國家各項建設發展之規

劃者與執行者，在組織改造的過程中應該繼續借重其能力與經驗。因此，行政院所屬員工配合組織改造，其權益應予保障，始能安心地在自己的崗位上全力以赴，依預定期程完成各項改造工作。

(六)達成組織及人力資源精實目標，節省行政成本

　　行政院組織改造係以職能檢討為重點，凡可由民間或地方自治團體辦理者，將予以解除管制，委外或下放，並依功能、效率取向，檢討整併現行機關。在人力配置方面勢必配合調整，採取的配套措施包括優惠退離，加速人員新陳代謝，控管機關員額，避免組織規模過於膨脹，但也賦予服務機關准駁權，避免員額精實導致反淘汰情形。

　　另外，筆者等 18 位立法委員，為了因應行政院科技部、退伍軍人部、海洋部之設立，也提出基準法第 29 條、第 31 條條文修正草案，將部之總數調整為 16 個；委員會數額並隨之調整為 5 個。上述 2 案於民國 97 年 3 月 28 日提案，併同行政院提案，於民國 99 年 1 月 12 日立法院第 7 屆第 4 會期第 17 次會議完成三讀修法程序，總統於民國 99 年 2 月 3 日公布。筆者也將在本書的第四章「政府組織改造的核心與過渡時期銜接」篇幅章節中，再詳細敘明科技部、退伍軍人事務部及海洋部 (海洋委員會) 等機關設置的原委。

二 修法的主要過程

(一)組織基準法的修正重點

組織基準法在立法院審查過程，筆者曾以立法委員身分，多次提出質詢，主要重點如下：

1. 機關總數有待檢討放寬：筆者認為當初基準法對於二級機關所設的總量管制 13 個部 4 個委員會，從 93 年到 98 年以來，時空環境背景的轉換及實際的需求來看，似乎是不太合適；但是完全將總量管制的限制拿掉，並將建置規模標準與內部單位總數上限都刪除，會不會太過彈性，形成空白授權？更可能留下日後組織再度擴增、膨脹的依據？且行政院的修正版本，讓三級機關的組織改用命令來定，首長由上級機關組織法訂定，不無規避立法院監督之嫌。另根據中央法規標準法第 5 條第 1 項第 3 款關於國家各機關之組織，應以法律定之；似也違反該法關於組織法立法體例的規定。

2. 三級機關應以法律定之：筆者認同當時考試院提出的意見，三級機關有政策性職掌的事項，三級機關對中央政府組織來講是相當重要的機關，且其首長亦有設置政務職的可能，所以三級機關的組織法應該送來立法院審查，以法律來制定。否則根本就看不出來三級機關的組織規模，更別說如何管控，如果是想光靠總員額法來約束，是無法看清楚組織的規模，如此是讓行政院自行擴權，雖然說立法院仍可依照職權

行使法第 60 條抽出審查，但是僅有事後的監督，很多時候會有忽略、遺漏，讓行政機關就這樣矇混過去。若依據當時行政院送來立法院的彈性版本，政府組織改造有可能會成功嗎？能夠確實達到精簡的目的嗎？

筆者認為有法律擺在那邊都不一定遵守了，沒有法律明文的約束，要如何確保修正版本通過後，能落實組織的精簡？機關組織法規是規範該機關的職掌、隸屬關係及所置職務等，而不應該由上級機關組織法來規範下級機關的首長職務，因為這不符合立法體例。

3. 審查先後順序必須兼顧：立法院司法及法制委員會在當時（98 年 06 月 08 日）所排的議程，確實是有些瑕疵，第 1 個議案是審查「行政院功能業務與組織調整暫行條例」草案，第 2 個議案是繼續審查「中央行政機關組織基準法」。因為要修正「行政院組織法」的話，必須依據「中央行政機關組織基準法」；也必須等到行政院組織法修正通過後，再審查「行政院功能業務與組織調整暫行條例」草案。換言之，修法時是有一定程序的，而且，要很重視程序正義。修法時，不是說行政院想怎樣就怎樣，而陷立法院於不義，所以必須再次提醒行政院，程序正義是非常重要的。

筆者記得，當時在擔任國會代表時期，國民大會第 5 次修憲時，當時的議長是蘇南成，一般我們對事是具名表決。對人是不具名表決，當時的修憲是用舉手表決。後來大法官第 499 號解釋，宣布第 5 次的修憲違憲，等於是開了好幾個月的修憲會議所做的結論竟不算數！可知，程序正義非常重要！

如果行政院一定要「橫柴入灶」，一定要強迫立法院依照行政院的意思來修法，萬一他們聲請大法官解釋，光是程序上就不合體制，一旦我們的修法都不算數時，組織改造就會前功盡棄。因此，我們不需要如此猴急，筆者相信執政黨絕對有組織再造和改革的誠意，但是，程序正義也必須重視。當時筆者具體建議，必須先審查母法，即「中央行政機關組織基準法」，對於幾個部會和獨立機關達成共識。通過之後，我們再來修「行政院組織法」，繼續審查「總員額法」、「暫行條例」及「行政法人法」一切照程序來進行。否則，一方面對立法院不夠尊重，二方面也會「呷緊弄破碗」；筆者覺得不需要這麼猴急，只有按照規矩來審查，我們想要推動組織再造的配套方案才能順利完成，絕對不要違背程序正義、我行我素，到時候空歡喜一場。

基準法是政府組織改造的架構骨幹，但行政院過於著急蓋房子，身為建築師，就是負責解決設計營建問題的專業人士，地基都還沒好就想灌水泥。如果依照行政院如此彈性的版本，政府組織再造有可能成功嗎？能夠確實達到精簡的目的嗎？制定了法律都不一定會遵守，基準法都還未修正，「行政院組織法」就先送出來，而且南轅北轍，差距甚大，怕是住進房子後會有層出不窮的問題！

(二)基準法第2條條文修正經過

針對基準法第 2 條的修正，考量機關的特殊性，包括國防組織及檢察機關組織均有排除規定。但第 1 項後段「但國防組織及檢察機關組織法律另有規定者，從其規定」的部分語意不

明，因而筆者建議修正為「但國防組織、警察機關及檢調機關組織法律另有規定者，從其規定」，亦即增加警察機關及調查局的部分。對於警察同仁及調查局同仁，筆者一向持開放、樂觀其成的態度，並予以支持。因國內警力部署的問題一直普遍地存在，警察同仁除了要應付日常治安維護的工作，也要常常支援元首的特別警衛勤務、特種勤務的工作，如果能讓警察機關的組織法規鬆綁，讓警察機關的組織有比較大的彈性，比較有利於解決目前警力部署的問題。

不過，中央行政機關組織基準法第 2 條的但書係規定「國防組織」，而修正條文卻規定「警察機關」。為了因應組織可能有變革的情形，我們建議將「警察機關」改為「警察組織」，比較一體適用。在立法技術上，條文的遣詞用字較精準一點。

另這次基準法修正，將外交機關納入排除適用，是因為駐外單位及外館數量多，加上涉外業務具有特殊性，需要彈性以符合實際需要，筆者也認同。但是除此之外，國防、警察、檢調都已經納入了，為什麼同樣具有特殊性質的海巡機關，沒將其納入？就筆者所了解，海巡機關任務職掌及組織架構有別於一般行政機關，其組織是軍職、警職、文職及關務四種人員並用，有其特殊性，一方面又負責海域的執法、海事服務、海洋事務及東沙、南沙島的巡防任務，在作戰時也納入國防作戰體系，兼具執法機關、海事行政機關的特性，若依基準法規定調整組織架構，確實有窒礙難行的地方，況且行政院也早已函釋，海巡機關參照警察及檢調機關組織辦理。但筆者認為這根本牛頭不對馬嘴，警察機關的組織規定怎麼可以適用於海巡機關？警察機關用人只有警察人員，海巡機關用人則包括軍、警人員、

關稅人員、公務人員、聘僱人員，是一個很複雜的組織，這表示研考會沒有預先去深入研究、探討。為求立法周延明確，筆者提議，應將海巡機關納進去，避免將來執行時遇到問題及爭議。筆者也希望，行政院在修法時，能夠全面性通盤的來考量，不要頭痛才醫頭、腳痛才醫腳。

筆者猶記得多前年，在一場餐會上遇到時任海巡署岸巡總局長的賀湘臺局長，他原先曾擔任過國防部後備司令部新竹團管區司令部司令，和筆者過去在新竹地區常有往來，他也曾和筆者提到，海巡機關人員在第一線執法，相當辛苦，除了海上巡防、護漁及海域犯罪偵防等勤務，也有戍守防衛邊疆南海諸島的任務，更有海上救難、海岸巡查、緝私及海洋環境保護與資源保育的責任，在組織的編制上近似國防組織及警察組織，在駐在防衛任務的各地區都必須設立相關分署及分局，才能發揮指揮調度功能，然而行政院在推動組織改造上，並未特別去注意海巡署及所屬機關的特殊性，若未將海岸海巡防機關排除於基準法第 2 條的適用，給予海巡機關相當的彈性編制，例如：於各地區設立分署等。對於將來海巡機關的組織編制與未來用人，都會帶來衝擊，甚至窒礙難行，也打擊基層海巡人員的士氣。

聽到岸巡局長賀湘臺的說法，當時筆者更堅定，必須要將海巡機關納入基準法第 2 條的排除適用。不但是讓海巡機關的組織設置得以順利運作，更是要讓基層海巡人員在第一線執法，能有充足的人員，而無後顧之憂。

國民黨黨團為什麼願意針對海巡署的部分，簽署修正動議？在筆者的說明之下，最主要的原因還是海巡署的組成比較複雜，其成員包括軍方、警察、海關、公務人員及聘僱人員，

所以海巡署的人事運用是非常複雜的，甚至可以說是一個奇怪的單位，這是海巡署跟與其他機關不一樣的地方。而且海巡署因為必須執行法律事項，所以也具有司法人員的作用，但是行政院原先的版本在送出來時，希望三級機關部分能採取行政命令授權的方式，筆者認為這樣做是不宜的，對他們來說也是不公平的，因為該機關的性質特殊。預算法第 92 條規定，未依組織法令設立之機關，不得編列預算。如果我們同意三級機關的部分能採取行政命令空白授權的方式，對於警政署這一類機關龐大的組織來說，實在是不適當的，因為警政署一共有 6 萬多個員額，如果採取行政命令空白授權的方式，日後警政署就無法編列預算，請問這個問題要如何處理？筆者認為這樣做將會治絲益棼，尤其海巡署的部分絕對會產生這種現象，所以筆者支持將海巡機關也能夠納入第 2 條的範圍，亦即予以排除適用。

(三)基準法第3條條文修正經過

筆者在修法時發覺第 3 條第 1 項第 3 款，有關機構的部分，當時行政院研考會所提的修正條文，確實有點問題。研考會對這個條文的定位似乎有錯誤，我們修的是中央行政機關組織基準法，它是一個通則性、準則性的界定，但「將其部分權限及職掌劃出」、「特殊設備或設施及經營方式」之類的用語，一方面它不是法律用語，二方面它應該是屬於作用法的用語，而基準法是準則性的法案；這樣的用語與基本法的用語是相當違背的。因此，有關第 3 條的部分，筆者徵求委員會的同意，把它回復成原有的現行條文，用準則性的規定，才比較符合基準法的要件。以作用法的方式來定的話，我們可能會貽笑大方，人家也會笑我們立法院的品質低落。

三　修法的成果展現

　　在當時筆者的堅持下，對於基準法的修正，除了將原本大家有共識的外交駐外機關，警察機關組織、檢察機關、調查機關等特殊性質機關排除在基準法第 2 條的適用之外，也順利將海巡機關納入排除適用；更在兼顧組織改造的推動，不讓機關組織過度膨脹的合理範圍之下，給予適度的彈性，以避免立意良善的改革，演變成窒礙難行，甚至引發機關基層人員的反彈。筆者歸結修法成果，共獲致以下 4 點成果，並附上當時立法修正通過條文之對照表供讀者參考：

(一)基準法第2條條文

1. 配合行政院組織改造，未來外交部及所屬機關之組織有其特殊性，且目前駐外之使領館、代表處、辦事處及代表團計 120 餘個，性質亦屬特殊。考量拓展涉外業務之需要及彈性，爰於第 1 項但書增列外交駐外機關，警察機關組織、檢察機關、調查機關及海岸巡防機關組織法律另有規定者，從其規定。

2. 考量行政組織設立彈性並參考現行機關多元指揮監督型態，同時，符合組織改造精簡原則，實無需逐級設立機關辦理相關監督管理業務，惟為釐清其隸屬指揮監督關係，仍應於組織法規上明定，爰修正第 2 項增列但書之規定。

修正後條文（99/01/12）	原條文（97/06/12）
第二條　本法適用於行政院及其所屬各級機關（以下簡稱機關）。但國防組織、**外交駐外機構**、警察機關組織、檢察機關、調查機關**及海岸巡防機關**組織法律另有規定者，從其規定。 　　行政院為一級機關，其所屬各級機關依層級為二級機關、三級機關、四級機關。**但得依業務繁簡、組織規模定其層級，明定隸屬指揮監督關係，不必逐級設立。**	第二條　本法適用於行政院及其所屬各級機關（以下簡稱機關）。但國防組織、警察機關組織、檢察機關及調查機關組織法律另有規定者，從其規定。 　　行政院為一級機關，其所屬各級機關依層級為二級機關、三級機關、四級機關。

(二)基準法第3條條文

1. 機關為處理技術性或專門性業務之需要，劃出部分權限及職掌，另成立隸屬之專責機關，當然係屬該機關之附屬機關，無庸贅定，故刪除第3款附屬機關之定義。

2. 為賦予第16條「機構」用詞明確之定義，除於該條例示機構類型外，並於第3款增訂其定義，俾資完備。

修正後條文（99/01/12）	原條文（97/06/12）
第三條 本法用詞定義如下： 一、機關：就法定事務，有決定並表示國家意思於外部，而依組織法律或命令（以下簡稱組織法規）設立，行使公權力之組織。 二、獨立機關：指依據法律獨立行使職權，自主運作，除法律另有規定外，不受其他機關指揮監督之合議制機關。 **三、機構：機關依組織法規將其部分權限及職掌劃出，以達成其設立目的之組織。** 四、單位：基於組織之業務分工，於機關內部設立之組織。	第三條 本法用詞定義如下： 一、機關：就法定事務，有決定並表示國家意思於外部，而依組織法律或命令（以下簡稱組織法規）設立，行使公權力之組織。 二、獨立機關：指依據法律獨立行使職權，自主運作，除法律另有規定外，不受其他機關指揮監督之合議制機關。 三、附屬機關：指為處理技術性或專門性業務之需要，劃出部分權限及職掌，另成立隸屬之專責機關。 四、單位：基於組織之業務分工，於機關內部設立之組織。

(三)基準法第29條條文

本條修正第 2 項，主要是放寬部之總數上限，由原列之 13 個，上調為 14 個。

修正後條文（99/01/12）	原條文（97/06/12）
第二十九條　行政院依下列各款劃分各部主管事務： 一、以中央行政機關應負責之主要功能為主軸，由各部分別擔任綜合性、統合性之政策業務。 二、基本政策或功能相近之業務，應集中由同一部擔任；相對立或制衡之業務，則應由不同部擔任。 三、各部之政策功能及權限，應儘量維持平衡。 部之總數以<u>十四</u>個為限。	第二十九條　行政院依下列各款劃分各部主管事務： 一、以中央行政機關應負責之主要功能為主軸，由各部分別擔任綜合性、統合性之政策業務。 二、基本政策或功能相近之業務，應集中由同一部擔任；相對立或制衡之業務，則應由不同部擔任。 三、各部之政策功能及權限，應儘量維持平衡。 部之總數以十三個為限。

(四)基準法第31條條文

本條文修正 2 處,其一修正第 1 項,將附屬機關委員會,修正為委員會,不只是刪除文字的文字修正而已,也有其背後深刻的意涵。其二修正第 3 項,將委員會的總數上限,由原列之 4 個,調增為 8 個。

修正後條文(99/01/12)	原條文(97/06/12)
第三十一條 行政院基於政策統合需要得設委員會。 各委員會組織規模建制標準如下: 一、業務單位以四處至六處為原則。 二、各處以三科至六科為原則。 第一項委員會之總數以**八個**為限。	第三十一條 行政院基於政策統合需要得設附屬機關委員會。 各委員會組織規模建制標準如下: 一、業務單位以四處至六處為原則。 二、各處以三科至六科為原則。 第一項委員會之總數以四個為限。

綜上所言,中央行政機關組織基準法雖於民國 93 年 6 月即已制定,惟因不能符合實際需要,故在正式啟動組改之際,即必須先予修正。惟這次修正僅有 4 條條文,可謂不多;其中最為重要的變革是將部的總數調增為 14 個,委員會的總數調增為 8 個,在基準法確定部會總數後,行政院組織法的修正工作才得以進行。

98.2.11 赴歐洲議會訪問。

99.7.13 珍惜資深公僕杜絕雙薪
肥貓記者會。

99.1.13 組織改造四法通過記者會。

101.4.11 食安記者會

100.11.15 公教人員保險法修正陳情

104.2.10 朝向內閣制修憲記者會

邁向進步效能的政府－組織改造紀實－

▶第三章

量身訂製政府的規模
－中央政府機關總員額法的制定

一　總員額法的立法背景

　　身為一個建築師需要知道一棟房子能住多少人，前面「中央行政機關組織準法」已經替這棟行政大樓奠定良好的地基，而房間數量也在行政院組織法修正後有個初步的規劃，接下來就是需要決定一間房間可以住多少人，才能規劃行政單位總共需要的員額數，包含一級機關的五院，以及其下的各部會及所屬機關。

　　公務人員是維持政府競爭力最主要的因素，因此各國政府在從事政府組織再造的過程中，除了組織之外，員額管理的再造也是相當重要的工作。在全球化競爭壓力下，各國政府莫不設法推動行政革新或政府改造，各國政府改造的主要目標在使政府能獲得「小而能」的基礎，進而將政府體制轉化為較具彈性、分權及顧客導向的組織體制。然而改造的措施不是只有一昧的「組織員額精簡」，把機關、公務員裁掉就算了，而是要從多元化的層面來考量，包括人力調整、行政機能分離、組織管理分權化、行政法人化、民營化等，如此才能真正有效提高政府的效能與競爭力。

　　當然員額管理所需要的運作和流程並非一朝一夕可以完成，加上政府職能擴張、組織規模膨脹、員額自然成長等古典問題，各個機關多少都會有本位主義的想法，員額精簡之路勢必需要大家共同努力才可能達成。不過，制定總員額法也代表我國已經正式進入政府機關員額「總量管理」的時代。

政府組織改造最成功的例子，莫如英國 1988 年前首相柴契爾政府實施的 Next step「續階計畫」，將政府的文官體制加以重組再造，分為「政策制定」與「政策執行」兩大系統，使政策制定者能真正負起政治責任並發揮管理功能；而讓政策執行機關能夠更像企業一樣有效的運作。因此成功的將公務員人數從 59 萬餘人減至 46 萬餘人，精簡比例高達 20%。

筆者在英國求學期間所學習的就是人力資源管理，那段時間也剛好目睹英國所進行一連串的民營化政府改革，那種政府效能提升而帶給人民煥然一新的感受，正是我們應該學習的目標。英國除了在 1993 年將 690 億美元的公營公司移轉民營外；政府機關也裁撤若干部門，轉由民營公司接辦其業務（如英國中央政府職掌文官考選機構 Recruitnent and Assessment Agency，1996 年 10 月改由民營的 Capita Group 接辦）；另外政府也補助民營公司提供公共服務，或協助「非營利事業機構」提供公共服務；同時也大量以「人力外包」（Contracting Out）方式委由民間公司承包業務，譬如說垃圾處理、環保回收等；藉由企業化具創意、彈性、競爭的管理特質，以達到提升效率的目的。

反觀臺灣，才 2,300 萬人口，全國公務人員總數 33 萬人；這還不包括 13 萬多名的軍職人員、參加退撫基金的 19 萬多名教育人員及 15 萬多名的技工、工友等。在亞洲各國，我國公務部門人力總數約 82 萬人，是真的偏高；相較於韓國公務人力佔人口數 2.12%，新加坡佔 2.9%，日本佔 3.18%，我國卻高達 3.5%，隨之而來的各項人事費用佔各級政府預算比率也

因而偏高。舉例而言，98 年在進行政府組織改造時，當時審查 99 年度中央政府總預算，在歲出編列了 1 兆 7 千 3 百 49 億多元，而人事費用就編列了 3 千 9 百多億元，佔總預算約 22%多，跟其他世界主要國家中央政府的人事費比率都在 15%以內，明顯的偏高。

正因為公務人員人數過多，人事費用佔政府預算比例偏高，員額管理的再造勢在必行。為了落實員額精簡，在 98 年元旦，時任總統的馬英九先生，即在元旦談話中明白宣示：「政府組織再造今年非做不可」。為此，行政院、立法院的執政團隊全面總動員。筆者當時擔任立法院國民黨團組織改造小組的召集人，多次向馬前總統報告立法期程及預期之立法效益，而時任研考會主委的江宜樺先生也每兩個月要向馬前總統報告，並且每個月要讓時任行政院長的劉兆玄先生瞭解進度；在總統、閣揆及國民黨立法院黨團的強力推動下，政府精簡員額勢在必行。當時亦由行政院副院長邱正雄先生擔任行政院組織改造會議的召集人，並透過行政院組織改造會議決議，將原有 18.2 萬的公務人員，精簡成 17.6 萬人，換句話說，若總員額法通過並施行，將有約 6 千名公務人員會因政府人事精簡而必須離職或退休。

二　總員額法的立法重點

總員額法制定的目的，就是希望能精準的配置各機關所需要的公務人員，落實總量管制的精神。其立法重點，有以下 4 點：

(一)五院均予納入適用，完全監督政府用人

本法第 2 條將五院及所屬機關納入適用範圍，以整體政府人力運用為規範重點，且為能完整呈現中央政府員額規模，以便立法院、行政院、司法院、考試院及監察院能完整監督政府用人，統籌規範五院的公務人力，以落實員額總量管理。

(二)務實訂定總量上限，合理區分員額類別

本法第 4 條規定總員額最高限制為 17 萬 3 千人，以中央機關實際預算員額規模為基準，保留因應整體國家發展及施政急迫需要小幅調整空間（約 5.45%），務實訂定，未來仍將核實依據實際業務需要及組織法規所定編制，於最高限制內，精簡原則核實配置人力。又考量部分機關業務具有特殊性，於是除「政務及文職人員」、「聘僱人員、駐衛警察、工友」之員額類別外，復就機關屬性區分「司法機關人員」、「檢察機關人員」、「警察、消防、海巡機關職（警）員」類別，共計 5 類員額，分別規定員額最高限制。

(三)尊重立法監督權責，核實檢討精簡員額

此法是以充分尊重立法院監督權責為前提，明定各機關仍應將員額數及人力類型，編入年度總預算案送請立法院審議，是以中央機關於法定員額上限內實際配置員額情形，立法院仍能循預算審議進行監督。過去草案曾規定施行後 6 年內總員額高限調降 1 萬 5 千人；立法審查時，考量總員額數高限的設定，

是以當時實際預算員額數為基礎，如再規定明定時程之調降員額條文，恐怕失去因應臨時需要彈性調度空間，對政務推動反而有不利影響，於是在該次立法審查時不宜再規定調降員額數。為了落實撙節用人，該草案仍明定 4 年定期檢討分析中央政府總員額狀況，並釐定合理精簡員額數，於總預算案中向立法院提出報告。

(四)增進員額調配彈性，提升人力運用效能

本法規定未來各機關員額數，將於員額總量內，考量施政需要，確定各院及各部會分配至所屬各機關，將可使機關員額配置更切合實際業務狀況。為確保各機關妥善運用適當員額，規定要求定期評鑑所屬機關員額配置的合理性，並據以採取相關員額管理措施。

三　總員額法的立法過程

政府改造是一項大工程，單靠行政、立法部門是無法克竟全功。針對公務部門，行政程序的簡化，對提升公務人員的行政效率及國家競爭力，應可收立竿見影之效。換言之，我們該慎重的思考「行政程序的簡化應與組織瘦身及人事精簡同時並行」。

人資界有句話說，所謂 human capita，意指優質人才是一個組織中最重要的資產之一。換言之，公務人員是政府組織最

重要的資產，故不能只把他們當作 employee，而應該視為政府很重要的資產。但是，這個資產有沒有生產動力、競爭力，便要透過一些相關的機制來規劃。

　　筆者曾在質詢中提及，該次政府組織再造，公務人力就是政府維持競爭力最主要的因素，從現實面來看，我們的人事費用佔比的確很高。各部會機關代表來立法院報告時，每個代表不能都說是本位主義，所謂的本位主義，是指處理單位與部門，整體與部分之間的關係時，只顧自己或者自己所屬的團隊，而不顧整體利益，對別部、別地、別人漠不關心的思想作風或行為態度和心理狀態。每個單位及人員都希望自己可以爭取到最有利的結果，當然業務上可能也有需要，但是當大家都不希望減少員額，反而希望增加員額，導致的結果就是無法做到人事精簡，反而會讓員額數不斷地增加。舉例而言，98 年 4 月 3 日立法院三讀通過「地方制度法」修正案，讓北、中、南幾個縣市升格或合併升格。隨之而來的勢必增加地方政府的公務人員，4 個新的直轄市因為升格將增加 2 萬 2 千多名公務員。於是中央政府在瘦身精簡的同時，地方政府卻在增胖，加上總員額法第 4 條第 4 項規定，因組織改制或地方業務移撥中央，增加的員額不受本法規定員額限制。所以沒有員額上限的限制，是否要預留增加員額的空間？這些都是當時在制定總員額法的隱憂。

　　簡單來看，我們把視野縮小一點，以「大學」做比喻，學生每到新的學期都在搶課，選課前會去評估課程的學習重點、人數限制以及教授的教學模式，有些課很熱門，人人都想搶，有可能是課程有趣、老師幽默或是對未來求職有幫助，但偏偏

有人數限制，不一定能搶到課。不過，假設今天沒有人數限制，全校好幾百個人都擠進去這門課，你認為這樣的學習成效會好嗎？肯定效果不彰，大家各做各事，而老師僅有一人，如何管理上百位學生，有人上課睡覺或翹課，他也難以注意，若要一一掌握學生的學習狀態，那課程進度勢必也會影響，因此才要「限制人數」，目的就是希望可以達到好的學習效果。

不過有些限制也是需要額外處理，如同學校裡會有資優班和資源班，或是音樂班、美術班，因為學生有特殊狀況或是才藝需要額外加強和輔導，所以學校通常都會額外開班，這種時候人數限制就會和普通班級有所區別。

在第二篇中，曾經提及中央行政機關組織基準法修正時，外交部駐外機關及海巡機關等單位，因為性質特殊，所以要排除在基準法組織架構的適用，否則運作起來會窒礙難行。同樣地，在總員額法第 3 條中，除明確的規範 5 種員額的類別外，也在同條文第 2 項中有所謂的例外條款，排除公立學校教職員；另外在說明欄中也清楚說明不含軍職人員。但我們在同條文第 1 項第 5 款，也就是第 5 類人員，包括警察、消防、海岸巡防機關、警員或職員，其中海巡機關的性質特殊，是個既有軍人，還有警察，也有文職人員並用的機關，加上目前全國警力不足，如果沒有讓海巡機關的軍職人員排除適用，之後因應 4 個升格的直轄市或地方治安需求，以至於加強海上巡防的需求，勢必要增加人力，到時候一定會相互排擠。雖然說明欄內已明言不含軍職人員，但筆者當時認為，應該在相關法條中明確規定，在第 3 條第 2 項中增列：前項第一類人員不包括公立學校職員、第 5 類人員不包括軍職人員。如此規定比較明確，也可以避免日後產生爭議。

四　總員額法的立法結果

　　員額法推行的過程，其中最難的點便是本位主義，各單位都不希望員額數減少，換個角度看，今天筆者若是在減少員額數的待定部門區，筆者也不希望自己成為那一個要被淘汰掉的人，不過前述立法背景時，筆者說過總員額法不單單只是裁員那麼簡單而已，後面第四章我們會提到行政院組織法的改革，組織法與總員額法之間更是息息相關。該次政府組織改造是因應我國現況，我們是先修正組織法才來討論總員額法，也就是說當組織法修正後有些部門可能會被裁定，也可以與其他部門合併或是從三級機關轉為四級機關等，不論如何調動，其員額數一定會有所影響。當然，筆者強調所有的公務人員都是我國政府重要的資產，他們有些人一生奉獻給政府機關，替大眾服務，我們不希望因為政府改造而去抹滅他們付出的歲月，因此在擬定總員額法時，我們也實施精簡人員優退方案和配套措施，希望能有利於總員額法在實務上的落實。

　　公務員受「信賴保護」原則的保障，一直以來都有「鐵飯碗」之稱，除非違反「公務員服務法」等相關法令，依法定程序才得以免職，不然政府無法像民間企業般的資遣公務員。為了推動總員額法及落實員額精簡，當時行政院參照 87 年所推動的「精省」經驗，推出史上最優的離退方案，只要符合資格的公務人員自願離職或退休條件，最多加發 7 個月的慰助金，用來吸引並鼓勵公務員提早退休。而相關的優退方式及配套方案，即是以立法的方式詳細的規定在後面第四章中將提到的「行政院功能業務與組織調整暫行條例」中。

不過筆者也不否認，從自身從政的經驗當中，員額精簡或員額管理從來就不是單純的「管理議題」，這之間更包含著政治角力，也可說是「政治議題」，雖然改制後賦予各一級機關主管員額總量的管理權，並依業務性質區分進行管理，但機關與機關之間還是存在權力與資源的互相競逐。今日不論是哪一黨執政或是哪一個派系角力最大，都會期盼員額數能多一點，讓自己的勢力能夠更加龐大，這樣的習性不只有政府體制才如此，放眼各大企業多半也是有這樣的問題，或者說只要是人，都會有這樣的念頭。當然若今天配置的人員是符合專業且有效率，那背後的原因或個人因素思想可以先不去探究，但若是每個機關都這樣策畫，總員額數只會持續的增加擴大，最後便會影響政策的執行與效能。

　　總員額法的施行，是透過員額評鑑來健全各機關的員額管理，評鑑的目的在於了解機關人力運用的狀況，並與立法院精簡預算員額的決議加以連結。故本法第 8 條規定，各機關應定期評鑑所屬人力之工作狀況，並依相關法令對於不適任人力採取考核淘汰、資遣、不續約、訓練、工作重新指派等管理措施。就是希望可以將最專業、有效之人力保留在最佳的崗位。員額數有時候也會因為各單位的狀況不同，而裁減或移撥至其他機關。

　　總員額法的制定，總共 11 條條文，其立法重點包括：制定目的、適用機關、適用人員、配置各單位人數上限、機關業務移撥、定期評鑑員額人力等應對措施。此外，總員額法三讀通過時，立法院一併做成附帶決議：「機關員額未來應於 5 年內降為 16 萬人。」主要是為了預留 5.2％員額，作為因應緊急、突發、重大用人需求之備用彈性調整空間。

　　總員額法三讀通過後，於民國 99 年開始施行，預計 5 年內總員額數降為 16 萬人，至今已過 9 年，員額數精簡進度究竟如何呢？

　　一般而言，我們是依據家裡成員而去買房子，幾個人需要多少房間，但這棟建築特殊地點在於先喬定房間，才去思考一間房間可以住多少人，或者說應該住多少人。在基準法時曾提過要精簡部會數，也就是說，員額的設定是依據部會數而定，所謂的房間便是指部會數，不過政策會隨著國家發展而異動，在執行法案的過程中難免會發現哪邊需要調整，也許這間房間風水不佳，可能太多人住會導致生活品質差，故需要刪減成員，或者是成立新部門。換句話說，員額增加的原因其實便是因應行政院組織調整、新設機關或因應政府重大政策及業務需要。

　　根據 108 年 11 月行政院人事行政總處所提供的資料，近年中央政府機關的總員額變化，如下表：

表 3-1

員額法施行日	100 年	101 年	102 年	103 年	104 年	105 年	106 年	107 年	108 年	109 年
1645,587	164,489	163,325	162,792	161,307	159,700	158,845	155,758	154,389	153,667	154,976

　　由上表可知，目前員額數已經低於 16 萬人，不過是那些機關員額被精簡，而又是那些機關增加員額？以下將針對近年員額增加及減少的機關與主要之原因予以分析及說明。

(一)主要增加員額原因

法務部矯正機關為應增建監獄所需人力及補充戒護、教化人力等需要，增加 300 人；海洋委員會和所屬海洋研究院的成立需要，增加 223 人；行政院環境保護署成立毒物及化學物質局，增加 60 人；客家委員會及所屬客家文化發展中心組織設定變動及業務調整需求，增加 52 人；原飛航安全調查委員會改制為國家運輸安全調查委員會，增加 50 人；成立促進轉型正義委員會，增加 49 人；配合原住民委員會組織法的施行，增加 48 人；行政院依法增設性別平等處、資通安全辦公室和新增相關職務需要，增加 45 人；國立故宮博物院南部院區開館營運需要，增加 41 人等。

而為了因應基層警力分發派補需要，增加警察 1,543 人；司法院因應司法改革及補充司法院所屬機關審判及輔助人力，增加 937 人；法務部為應檢察調查及矯正機關業務需要，增加 878 人；海洋委員會（原海岸巡防署）配合「強化海巡編裝發展方案」艦艇建造期程及繼續推動海洋政策相關業務，增加 544 人；衛生福利部因應食安相關業務，增加 106 人；勞動部則為勞檢、農保職災及失業認定業務，增加 93 人；內政部移民署因應陸客來臺人數成長及執行國境線上證照查驗業務，增加 75 人；交通部為加強飛航安全及觀光旅遊稽查品質，增加 68 人等。

(二)主要減列員額原因

因應募兵制度，原行政院海岸巡防署海岸巡防總局上士以下改為全軍職，減列 911 人；新北市、臺中市、桃園市境內國立高級中等學校改隸地方政府，減列 442 人；桃園國際航空站改制國際機場園區股份有限公司，減列 425 人；交通部高雄區等監理所交通裁決業務移撥地方政府，減列 175 人等；其餘均為非超額工友、技工及駕駛出缺後減列。

五　總員額法的個案探討
— 過勞？流浪？警察缺額大

近年，因為警察過勞的問題，引起社會關注，尤其在 104 年以前，警察要協辦行政機關業務多達 184 項，後來於 104 年 4 月間減除 20 項協辦業務，仍然存有 164 項協辦業務，警察沒有回歸專業，專注地方治安及交通的維護。換句話說，警察工作事多且雜，責任重而權力卻有限，警力永遠補不齊，勤務永遠上不完，在沒有戰爭的時候，警察與消防是公務系統中日常勤務最危險的工作。光以 108 年的非洲豬瘟防疫為例，行政院長蘇貞昌去一趟機場，就要加強防疫增加人手，結果增加的卻是 110 名員警，而不是農委會的防疫人員，而過年期間還增加542 人，其中近一半 256 名都是員警，其他才是防檢局與關務署的人員，對於員警來說事多、權輕、責任重，簡直是百害而無一利！

再根據 105 年警政署的統計，全國警察機關編制人數為 8,6123 人，預算人數則為 73,900 人，當時實際員額 64,816 人，缺額 9,084 人，缺額率高達 12%。

　　此故，社會各界都呼籲及爭取補足不足的警力，讓全國警力能合理的分配，警政署據此向人事總處爭取 3 年計畫補足 4,000 多名警力，但根據 102 年至 104 年的警察退休人數統計，都超過 3 年要補足的 4 千多人，才在近幾年大量透過警察特考來補足。依據警政署的統計資料顯示，107 年警察實際員 68,864 人，實際缺額還有約 5,036 人左右，而警政署報給考試院的警察缺額，卻不夠分發，實在感到匪夷所思，明明還有這麼多缺額，怎麼有媒體報導會有流浪警察的問題呢？

　　原因出在，這幾年因為年金改革的失當，連民進黨目前黨內聲望最高的桃園市長鄭文燦都跳出來說：「年金改革是失敗的社會溝通和改革布局」。因為改革的不一致性，同樣具有高危險的員警、消防等人員，沒有像軍人一樣獨立處理，使得退休撫卹所得遭到大砍，這和過去每年退休公務人員近萬人相比，大家變得要延後退休，抱持著多做多領，退休少領的心態。再根據警政署統計，104 年員警退休人數 3,238 人，105 年員警退休人數 2,012 人，而 105 年員警退休人數已較 104 年減少 1,226 人。另外，106 年 1-6 月員警退休 546 人，與 105 年 1-6 月退休 780 人相較，減少 234 人。退休的變少，進用的變多，才造成員警分發塞車。

　　而前內政部長葉俊榮在擔任政務委員時，頒布了一個《全國警察機關總員額上限》的行政命令，規定各縣市警察局的員額上限，讓有些財政相對較好的縣市，也無法增加警察員額，嚴格的對於員額作控管，也造成員警特考後無處分發的問題。所以除了年金改革問題、財政問題，另一個關鍵問題，在於《全國警察機關總員額上限》的規定，而這是行政命令，是不須經過立法，行政院就可以修改的！

　　而在財政問題方面，如果縣市政府因為財政問題，無法增加員警員額，這些人力是不是可以考慮放在中央？警政署應可將員額放到直屬的保警總隊，流浪警察的問題應可有效處理。

　　最後，中央政府本來就有義務解決地方財政問題，例如：透過專案補助方式，補助縣市人員增用員警！相信，這個就是各縣市長一直希望的，也是臺南市長黃偉哲跳出來凸顯流浪警察問題的主因。

98.11 召開健康人權記者會，關心長照、看護問題。

98.02 與海巡署長王崇儀研商海洋委員會組織法。

104.5.18 協商環境資源部組織法草案情形。

104.04.27 主持修法杜絕網路霸凌記者會。

104.05.27 在司法及法制委員會質詢情形。

104.11.16 在行政院功能業務與組織調整暫行條例草案審查會議發言情形。

104.09.23 主持英派餐券記者會。

99.04 立法院司法及法制委員會考察香港廉政公署運作。

98.08 立法院國民黨黨團記者會。

99.11 審查法官法草案質詢。

98.08 八八風災後召開內閣改組記者會。

98.11 譴責蔡英文、民進黨暴力記者會。

▶第四章
政府組織改造的核心與過渡時期銜接
－行政院組織法的修正與暫行條例的制定

一　立（修）法背景

(一) 行政院組織法修正的必要性

　　行政院組織法，於民國 36 年制定公布，37 年施行，99 年前經過 6 次修正。本法於 36 年制定時設 14 部 3 會，38 年 3 月 21 日修正為 8 部 2 會 1 處，其基本架構雖沿用至今，但實際上為因應政務需要，已陸續增設 20 個委員會，造成部會組織數量過多，進而導致業務協調、整合與推動上的困難。為建立一個具有國際競爭力、高效能的政府，行政院曾於 77 年 10 月及 91 年 4 月提出行政院組織法修正草案，函送立法院審議，93 年 6 月 23 日「中央行政機關組織基準法」（以下簡稱基準法）公布施行後，行政院復依據基準法意旨重行提出「行政院組織法修正草案」，並分別於 93 年 9 月、94 年 3 月及 97 年 2 月 3 度函送立法院審議。上開法案雖未能完成修法，惟朝野各黨團對於行政院設置之部會已有充分意見溝通。97 年下半年，臺灣面臨嚴峻的全球經濟風暴，行政院組織改造工作益形迫切，故 97 年 7 月成立行政院組織改造推動小組，推動行政院組織改造各項規劃、協調及執行作業，於 98 年 4 月 13 日再提出「行政院組織法修正草案」，期能打造一個精簡、彈性、有效能織政府。

　　在第二章，筆者提過基準法與「行政院組織法」的曖昧關係，將基準法比喻成母親，組織法是孩子，現今社會講求多元教育，母親都希望孩子多才多藝，總是幫孩子安排各種課程，筆者認為這麼多的課程，學習成效未必對孩子好，所以決定重新規劃課程，做一些取捨。如同孩子的課程量過多，導致學習成效不如預期。

　　因此，筆者認為組織法重新檢討修正，實有其必要性與迫切性，故綜合國內外各界意見與立法院舉辦的行政院組織法修正草案公聽會專家學者所提建議，在 97 年 3 月 26 日立基於創新、效率的概念與原則，提出「行政院組織法修正草案」。

　　茲將修法重點及本草案與行政院版本的差異說明如下：修法重點：1. 明確區分「部」與「委員會」之關係與運作功能，部長不再兼任政務委員。2. 增強「傳統 8 部」核心職能，因應新興業務需求，另「新增 8 部」；同時強化「5 會」政策協調統合能力。3. 設立 5 個相當中央 2 級之獨立機關。4. 增加政務人員，提升「行政院院本部」政策規劃能量，並重新檢討院本部組織設計。5. 設計 4 長制度，突破部會總量限制。6. 力求組織彈性化，行政院各職稱之官等職等及員額，另以編制表定之。

　　本草案與行政院版本差異：1. 部、會總數均為 21 個，但因應實際需求，本草案將科技與海洋事務提升為「部」之層級。2. 為求法案周延，將 5 個獨立機關明列於「行政院組織法」中。3. 現行「行政院組織法」並無設計顧問職務之規定，但行政院卻自行設置專任顧問，以及遴聘無給職顧問。本次組織法修正，行政院版本明定「得遴聘無給職顧問」，顯然有意將現行便宜行事作法予以法制化。雖無給職顧問並不支薪，但亦為國家名器，宜慎加運用。4. 行政院為使組織改造符合法制規定，又能兼顧現況安定性，對部會名稱的採擇，儘量維持原有部會架構，將有合併需要的部會名稱或業務採重疊方式呈現。惟此種功能重疊式的部會名稱，顯然係遷就現實狀況，卻與社會一般認知不盡相符。況且現行二級機關委員會的職能，原亦多由傳統 8 部分出，實無必要為了短期遷就現實，而新創出冗長之部會名稱。「行政院組織法」的大翻修攸關政府改造成敗，立法者本

應秉持大刀闊斧精神，若過度拘泥於部會名稱之妥協，難免陷入本末倒置之情境。

因此，本草案對於部會名稱與行政院版本最大差異，在於簡潔化與維持原來 8 部名稱為原則。政府組織再造是十分重大的工程，在修法上應採「從下而上」，而非「從上而下」的方式。在程序上，建議可先討論「行政院組織法」，再依討論結果，一併修正「中央行政機關組織基準法」；否則母法未修正，子法卻先行了，極為不當。此外，相關的配套法案如「行政法人法草案」等亦必須儘速一併討論、制定或修訂，而行政程序亦須夠簡化；惟其如此，政府組織再造方可順利、成功。

除筆者提案外，關於行政院組織法修正案 尚有潘維剛、黃昭順、潘孟安、田秋堇、張嘉郡及翁金珠等委員分別提出不同版本，可見本法案受委員重視之程度。

前面所謂組織的基本架構是指基準法，也是政府組織改造的架構骨幹，基準法身為母法，要幫組織法重新規劃課程，當然要經過母親的同意；故 99 年基準法修正後，再根據基準法第 29 條，修正組織法，確立部會的總數。為什麼行政院組織法的修正，必須加速進行呢？這是因為政府組織再造攸關臺灣未來發展，也影響臺灣在國際間的競爭力！政府機關長年以來累積不少官僚化惡習與結構性腐化問題，具體所呈現出來的就是組織臃腫、疊床架屋與員額浮濫，不但不利政務的推行，也負擔相當多的人事成本。

政府組織改造是一個巨大的工程，基準法、組織法和暫行條例、總員額法和行政法人法，此 5 個法環環相扣。因此修法

時，只要有一環不對，相關的一環就必須要考量進去。筆者原提出 16 部 5 會，但經過協商和審查，最終定為 14 部 8 會。當初在協商基準法第 29 條時，每個提案版本的考量都有不同的出發點，各有見地；本法之修正，亦不無關聯。這次行政院組織法修正草案版本，共計有行政院版、筆者提出的版本、潘維剛委員版、翁金珠委員版、黃昭順委員版及潘孟安委員版等 6 個版本。綜觀全部的版本，其實不管是朝野都有一個共通性，就是部會總數都超過組織基準法所定的 17 個（13 個部， 4 個委員會），行政院版是 22 個、本席的是 21 個，翁金珠版是 20 個，而潘孟安版則是 19 個。

雖說要組織瘦身，但從歷史的角度來看，臺灣地理位置可是相當重要，因此筆者認為某些部會有留下的必要性；而臺灣身為海島國家，更應該成立海洋事務部；再者隨著科技日新月異的變化，科技的重要性也不能忽略，因此提出科技部。俗話說不在其位，不謀其政，筆者既參與政府組織改造，只要有機會都願意嘗試，盡最大的努力，打造一個「精簡、彈性、效能的政府」。

(二)行政院功能業務與組織調整暫行條例立法的必要性

為使行政院組織法修正草案通過後，順利啟動新的組織架構，行政院爰擬具「行政院功能業務與組織調整暫行條例草案」於 98 年 4 月 13 日函送立法院審議。

行政院功能業務與組織調整暫行條例（以下簡稱暫行條例）是因應行政院組織調整的過渡性法律，由於基準法與行政

院組織法環環相扣的關係，政府組織改造計畫的實施幾乎是牽一髮而動全身。因此筆者在推動修法時，兩個法是同步進行；且為了讓整個建築物更加堅固和符合大眾所需，就像是買電器都會有售後服務，故擬定暫行條例以配合組織法修正後的不足。暫行條例的功效就如同小朋友剛學騎腳踏車時，左右兩邊的輔助輪，幫助小朋友學習時能穩健的向前行，暫行條例的功用便是輔助政府組織再造之路能順利進行，騎得更穩定。一旦政府組織改制完成，輔助輪便會拆除，暫行條例也就不再適用。

修正行政院組織法，同時刪減部會組織，而被刷掉的部門，原有的業務也需要交接或是合併等處理，人員也需要重新配置。因此擬定暫行條例草案，使組織法的修正能夠更加完善，爰在暫行條例草案中提出組織調整、業務法規、財產接管、預決算處理、員工權益保障等 5 個重要配套措施，期能達成組織及人力資源精實目標。以下為暫行條例所定 5 個措施的重點說明[註1]：

1. 組織調整：行政院及所屬各級行政機關（以下簡稱原機關）應依行政院組織法修正條文及業務職掌檢討，予以精簡、整併、改隸、裁撤、業務調整移撥其他機關。依行政院組織法修正條文設立的各部、委員會及所屬各級行政機關（以下簡稱新機關）、原屬中央機關改隸或業務調移地方政府之組織法規，未及修正或制（訂）定時，由權責機關訂定暫時組織規程及編制表。另屬業務調移其他機關者，原機關組織法規除相關掌理事項及編制員額，由行政院以命令調整外，仍繼續適用之。

[註1] 引自立法院公報第 99 卷第 5 期院會紀錄，頁 482。

2. 業務法規：原機關管轄權已依組織法規或暫行組織規程加以變更，相關之業務法規未及配合修正時，由行政院逕行公告變更管轄之事項；其屬原機關精簡者，行政院於必要時，並得以命令停止其精簡部分業務之辦理。另原機關裁撤者，相關業務法規未及配合修正時，該機關所掌理之事項，由行政院以命令停止其全部或一部之辦理。

3. 財產接管：原機關由業務接管機關概括承受或裁撤時，其經管之公有公用財產，應變更登記為業務接管機關或財政部國有財產局管理；以及業務接管機關對用途廢止之公有財產，得以該機關名義，辦理變更非公用財產之程序及撥用。

4. 預決算處理：為免相關預算受預算法第 62 條及第 63 條有關流用之限制而無法因應，特訂定報經行政院核准，得不受其限制；必要時，並由行政院辦理追加、追減預算。各機關依組織調整所需人員之優惠退休等費用，必要時，由行政院依預算法相關規定辦理追加預算。

5. 員工權益保障：本條例所定員工權益保障事項，適用行政院及所屬機關依法任用、派用公務人員等 6 類人員，排除政務人員、公立學校教職員工及公營事業員工之適用。其中優惠退離措施備受現行公務員、民意代表等社會各界關注與詢問，這項措施係透過優惠退休、資遣或離職規定，加速人員新陳代謝，控管機關員額。同時為避免員額精簡導致反淘汰之可能，各機關對於所屬員工優惠退離具有准駁權；即各類人員配合行政院組織調整須精簡者，於 99 年 6 月 1 日至 99 年 12 月 31 日之 7 個月內，符合一定退離條件，例如公務人員需符合「任職滿 20 年」、「任職滿 10 年且年滿 50 歲」

或「任本職務最高職等年功俸最高級 3 年」等條件之一者，經服務機關同意，得辦理自願退離，並加發一定月數之慰助金。其中「任職滿 20 年」，同時年滿 55 歲退休者，尚可擇領或兼領月退休金，至於員額精簡等相關事宜，則由服務機關人事單位辦理。此外，暫行條例草案亦適度放寬限制轉調規定，並明定轉任、派職及其待遇支領原則。另就本條例未規定之相關權益保障事項，授權由行政院會同考試院另定處理辦法。

二　行政院組織法修法經過
— 行政院組織大翻修攸關組織改造成敗

(一)打造前瞻的政府部會—科技與海洋

前述母親同意調整課程數量後，接下來就要規劃課程的去留，那些要保留，那些要淘汰，又要增加那些新課程。行政院組織法民國 69 年修正後，僅有 8 部 2 會 1 處 1 局；為使組織改造符合法制規定，又能兼顧現況安定性，對部會名稱的選擇，儘量維持原有部會架構，將有合併需要的部會名稱或業務，採重疊方式呈現。

筆者曾在委員會審查時表示，行政院組織法大翻修，攸關政府改造成敗，立法者本應秉持大刀闊斧精神，若過度拘泥於部會名稱之妥協，難免陷入本末倒置之情境。因此，筆者所提

草案對於部會名稱與行政院版本最大差異，在於簡潔化，及維持原來 8 部名稱之原則。我們之所以朝這方面進行，因為現在是科技時代，當時行政院秘書長薛香川也是科技背景，擔任過竹科管理局局長，過去國科會或陸委會曾經提出有關臺灣地區高科技人員赴大陸地區任職的許可辦法，國科會提出的版本法案名稱居然長達 36 個字，光是唸起來就很拗口了，這和審查法案所強調的精鍊，截然不同。

筆者認為，除了增強原有的傳統 8 部（內政部、外交部、國防部、財政部、教育部、法務部、經濟部、交通部）外，因應新興業務需求，另新增 8 部（勞動部、農業部、厚生部、環境部、文化部、科技部、退伍軍人事務部、海洋部），共 16 個部。同時強化「5 會」政策協調統合能力，還要設立 5 個相當於中央二級的獨立機關，增設政務人員，提升行政院院本部政策規劃的能量，並重新檢討院本部組織設計。我們力求組織彈性化，行政院各職稱之官等、職等、員額另以編制表定之，這是中央法規標準法或中央行政機關組織基準法已定的。

而行政院版本的部會數是 22 個，筆者的版本是 21 個；但是，為了因應時代的需求，我們將科技和海洋事務分別提升為部的層級。其次，為求法案的周延，明確區分「部」和「委員會」之關係與運作功能，部長不再兼任政務委員，也將 5 個獨立機關列於行政院組織法中。我們在規劃時有做整體的考量，非常明確、清楚的一一列出來。

就歷史的角度來看，臺灣是一個海洋國家，的確應該審慎思考跳脫重陸輕海的傳統思維。從經濟面來看，海洋資源屬於

國家資產，我們本來就應該維護，而且還要多元利用。既然我們認同自己是海洋國家，當然要設立海洋部，以統籌所有的海洋事務。這也是時任總統馬英九的政見之一，2008 年馬總統的政策白皮書中就主張設立「海洋事務部」，筆者在規劃時與馬總統想法一致，皆以設部為主，只是名稱為海洋部。

我國四面環海，理論上設立海洋部，是要整合所有的海洋事務機關，統籌事權。但實際面上，海洋事務牽涉的範圍廣大，包含海上交通運輸、海洋資源開發、海洋保育、海上觀光休閒、領海維護與海事安全等，這些事務幾乎涉及所有的行政部會。由此可見，海洋事務是跨部會業務。不過組改的目的是要組織瘦身，若以部呈現，海洋的業務所含括的部會就如同小型的行政院，實在不符合我們所追求的「小而能」政府，故相較之下，海洋委員會更能顯其特性，且同樣可以統籌與協調相關事務。筆者雖希望成立海洋部，但「部」與「會」的業務功能不同，經過黨內協商後，大家一致認為依照我國的海洋事務內容而言，「會」比「部」更適合我國海洋的發展與經營，故設立海洋委員會。

科技部的成立是為了迎合 21 世紀全球高科技的挑戰，我們目前是多頭馬車，疊床架屋的科技政策和預算，都會成為未來臺灣在高科技領域競爭的絆腳石。我們檢討目前臺灣重大科技政策的決策過程，明顯有許多缺失。就制度面言，我們一直是多頭馬車，國家科技組織，在行政院轄下有科技顧問、國科會、各部會的科技顧問室，還有各部會所屬之財團法人，例如工研院、國衛院、太空中心等，到底決策由誰決定？大家都無所適從。在臺灣目前的經濟命脈高科技產業中，IC 代工產值佔

全球 73%，是全球第一，竹科園區在民國 95 年總產值達 1 兆 1000 億，是全臺產業產值 11 兆的十分之一，如果行政院不將國科會提升改制為科技部，其理由是什麼？

由現行體制來看，當時科技政策最高決策者是行政院科技顧問室，但是，我們的顧問是有顧才有問，他們沒有行政責任。換句話說，就是權責不對等，再加上這些顧問是不定期開會，而且他們不是專職從事政策思考和評估，政策的形成很倉卒，事先評估不足，這樣的決策一定會出問題。先前新竹生醫園區的爭議是一個很明顯的例子，一開始是委託臺大，後來又終止；現在又傳要讓臺灣的聯合大學系統來經營，包括清大、陽明、交大、中央大學等，就是這樣才會發生學術團體，為了爭取資源的合縱連橫而搞對立的情況。一個計劃執行了 7 年還無法完成，什麼原因？就是科技政策多頭馬車，意見很多。

筆者認為以原有的國科會為架構，然後將各部會現有的科研單位和科技產業加以整合，統一事權，避免多頭馬車，順應全球化和國際化的腳步，這樣才能提升科研單位新能力和產業的高值化。

(二)科技人的心聲，呂學樟聽到了！

筆者之所以鼓勵創科技部，是因為當今臺灣的經濟發展，主要靠科技產業。但政策的不確定性，導致 89 年底聯電與德商 Infineon 公司宣布合資 1200 億元，赴新加坡設立 12 吋晶圓廠；貿然的廢核四決定，更是嚇跑了外商投資意願，以致繼 SONY 宣布結束在臺生產線，PHILIP 也將工廠移至大陸。不

僅科技產業如此，就連名揚四海的長榮集團，因等不到三通，不堪虧損，也已大舉出走。

為了迎合21世紀全球高科技之挑戰，目前綁手綁腳的法令以及多頭馬車、疊床架屋的政策與預算，均會成為未來高科技競爭之絆腳石。在全球化競爭的時代裡，臺灣是否能順利轉型，已成為生存與淘汰之關鍵時刻。因此，筆者以原有的國科會為架構，將目前散處在各部會的科研單位與科技產業加以整合，統一事權，以順應全球化與國際化的腳步，提升科研單位創新能力及產業的高值化。

行政院組織改造之目的，正是要尋求突破現有國家發展之瓶頸，檢討目前所屬機關的現況，以創新的概念去蕪存菁，創設更符合時代趨勢的公權力機關。根據行政院規劃的原版本，乃設立國家發展及科技委員會，其下設一科技發展處；換言之，科技發展主管機關將淪為三級單位。以這樣的層級與所賦予的權責，不要說是提升國家未來競爭力，就算是想維持目前的地位，都令人質疑。因為未來的科技發展將分散在各部會，沒有一個同層級的部會負責整合，譬如在行政院原規劃中的科學園區，將納入經濟部；果真如此，不出數年，科學園區恐將與其他一般工業區同化，久而久之將失去原有的優勢與競爭力。

不過，筆者覺得這次行政院的版本算是半調子的修法，政府的組織改造有點為德不卒，現在37個部會要減到29個，美國的部會有15個，韓國15個，日本11個，這不是差很大嗎？第一，行政院的精簡有限，展現不出成效；第二，沒有創新的東西，目前在政府組織改造裡面，大家最關心的是科技部要不

要成立的問題，之前有 10 幾個大學院校的校長曾呼籲過，臺灣如果要科技立國，一定要成立科技部，如果它是委員會的型態，依基準法明定，委員會是一個跨部會政策統合協調的機構，它無法充分編列執行業務的預算，既然無法編列預算，就難以發揮執行業務的功能，因此我們才會積極的推動，將這 8 百多億，將近千億的科技預算之統籌與執行機關，改制為科技部，讓它的資源整合、事權統一，這樣才能發揮功能。

(三)當大陸都超過了我們，你還能不急嗎？

綜觀鄰近國家的經驗，亞洲金融風暴之際，韓國首當其衝，國家幾乎面臨破產，全國上下視之為國恥。然而幾年來的勵精圖治，卻也展現出令人驚豔的經濟發展風貌；「韓流」不僅席捲亞洲諸國，也在歐美廣受矚目。臺灣曾慶幸倖免於亞洲金融風暴，但是，近年來的經濟發展卻呈現疲弱的態勢。兩相對照，臺韓經濟成長動力的消長，隱然若現。事實上，單在民國 91 年韓國全國研發經費就大幅成長了 14.7％。從產業面來細微觀察，在 DRAM 產業，臺韓纏鬥多年，相對於韓國三星在 DRAM 可以掌握自主技術，不斷推升新世代技術的發展、擁有品牌，臺灣的 DRAM 廠卻深深仰賴外國技術，實質上淪為 DRAM 的代工廠。通信產業亦是如此，韓國三星手機已行銷世界，而臺灣的手機業仍以代工業務為主。

有鑑於中國大陸在經濟及科技上的崛起態勢，韓國科學技術評價院的一份報告，就直指韓國在持續提升科技投資規模與效率的重要性。而韓國科技產業近年來之所以能大幅邁進，主

要就是成立科技部來整合科技發展事項；除了由科技部負責執行，另外在決策面由總統親自擔任國家科技委員會的主席，科技部部長擔任秘書長，跨部會規劃科技政策、決定重點科技發展順序及預算分配。

反觀我國，政府口口聲聲說重視科技發展，各項數據也顯示科技預算在總預算當中比例日趨攀升；但在組織層級方面，若依行政院版本，則是不升反降，實在難收政府改造之實質效果。

2007 年瑞士洛桑管理學院（IMD）公布的全球競爭力排名，大陸已經首度超越我國，政府還能不警惕嗎？政府組織改造工程涉及政府行政效能及國家競爭力的提昇。依 IMD 的評估標準來看，若能以前瞻的格局將「科技部」，及符合聯合國所提倡「性別主流化」意旨之「性別及社會平權委員會」置入行政院組織法修正案中，讓「科技發展」與「人文關懷」並行不悖，則此次政府組織改造工程將更臻完善。除能符合現今國家需求與世界潮流外，相信國際評等機構會給我們更高的評比，臺灣的高科技產業才有未來。

(四)缺乏願景、魄力的行政院改造案

民國 96 年 8 月 15 日，臺灣學界 60 位學者鑒於兩岸關係僵局、國際外交失利、國內財政金融暨憲政體制失序，國家競爭力不斷流失，基於提升臺灣競爭力的使命感，挺身而出籌組政策與制度研究智庫－臺灣競爭力論壇；期能匯集眾智，凝聚共識，引領政策導向。臺灣競爭力論壇總召集人彭錦鵬 98 年 4 月也在聯合報刊登「缺乏願景、魄力的行政院改造案」，表達

他對政府組織再造計畫的想法，彭錦鵬表示^[註2]：多年來研究各國部會，歸納、撰文，他指出經濟合作發展組織國家均設 13 個「功能部」。其後，中央行政機關組織基準法也用總額管制方式在民國 93 年通過 13 部 4 會上限。各界對設 13 部，因而形成共識。長年關心行政院改造，當年共同推動組織基準法的江丙坤 97 年也提出他的版本，包括：內政及國土安全部、外交及僑務部、國防及退伍軍人部、法務部、財政部、經濟及科技部、教育及體育部、交通及建設部、衛生及社會安全部、農業及海洋事務部、勞動及人力資源部、環境資源部、和文化及觀光部。

臺灣競爭力論壇所提「行政院組織法」的版本，除了少數用字差異，例如：採用運動、運輸、健康等比較精確、通俗的字眼外，基本上和行政院的版本大同小異。而前立法院副院長江丙坤先生，在擔任第五屆立法委員期間，也曾對於推動政府組織改造多所著墨，針對行政院組織法的修正，其主張委員會的設置，包括：國家發展委員會、陸委會、原民會、客委會；彭錦鵬教授則認為或許是政治、選舉上的考慮，才不將原民會和客委會合併成更為合理的民族事務委員會。因此，為求儘速通過行政院組織改組，當時臺灣競爭力論壇是支持江丙坤先生的版本，讓行政院院會組織大幅瘦身。

除了「部」以外，行政院的委員會首長均應參加行政院院會，首長待遇也和部長相同，因此部、會之間的地位可說毫無

[註2] 引自彭錦鵬，缺乏願景、魄力的行政院改造案，聯合報，2009/04/09。

差異。也就是，按照已協商，但尚未修正過的組織基準法草案，我國將有 17 個部；按照 98 年 4 月 9 日的修正版本，則將有 22 個部。相較而言，人口是我國兩倍的韓國只有 15 個部，人口是我國 5 倍多的日本只有 11 個部，人口是我國 13 倍的美國只有 15 個部，人口是我國 56 倍，中國大陸只有 22 個部。彭錦鵬表示，難道，我們的行政院所屬部會機關數，規模應該要和中國大陸一樣嗎？

　　政府組織再造已經規劃超過 10 年，箭在弦上。高效組織已成全球化中國家競爭的必備工具。有鑑組織改組惰性強韌，因此各國行政重組皆由國家領導人帶頭，加大力度，全力推動。民進黨時期研考會全力推動，但是總統袖手旁觀，終於失敗。97 年總統及立法院改選後，國民黨完全執政，馬英九政府在首任執政末期，為擺脫民調低迴，故全力推動政府改造，才能避免當年 1、2 位國民黨籍立法委員杯葛政府改造案而前功盡棄的命運。

　　由於憲法規定，行政院院會由部會首長和政務委員組成，行政院重組除了大魄力精簡部會，也要適當減少政務委員人數。當時劉兆玄前院長較倚重政務委員組成的政務會議，給予外人無法信任部會首長的印象，並非常態。觀察先進國家的內閣會議人數精簡在 20 人上下，部會首長可以面對面討論國家重大政策，而我國行政院院會出（列）席人數高達 60 人以上，會議之效率只能用「虛應故事」形容，看在民間企業負責人眼裏，不免可笑。

　　有關維持僑委會現狀的問題，就僑委會所能發揮的功能和預算、員額而言，績效不錯。但起初行政院版本草案是要將僑委會裁併入外交部，成為「外交及僑務部」，當時前總統馬英九更親上火線表示：「僑委會不是被裁併，而是跟外交部合併，不但名稱保留，服務也絕不打折；甚至在更充足的預算下，可以更加強僑務工作。」但時任僑務委員會委員長的吳英毅先生及時任研考會主委的江宜樺先生，98 年 3 月 31 日在舊金山文教中心舉辦「行政院組織改造說明會」，向當地僑民說明外交部與僑委會的合併之意，卻引起僑界的反彈。尤其，中華民國的外交處境困難，對於沒有正式邦交關係的國家，僑務推展是避開正式外交管道的一個方式，更能專職提供僑民服務。僑委會一旦與外交部合併，將處處受到外交部的掣肘，不能施展其優勢，而外交部在非邦交國活動敏感，不可能主動積極的推動華文教育。對於中華民國而言，「華僑為革命之母」在中華民國創建上具有特殊的意義，而國內政壇，不管藍綠，只要每逢大小選舉或外交政策宣揚，必會安排各地僑界巡迴拜訪尋求支持。華僑旅居海外，長期在國外努力打拼，更背負著傳遞中華文化的使命，作為海外和中華民國的橋樑，讓臺灣得以和世界接軌、和國際交流，所以國民黨立法院黨團認為維持僑務委員會的存在有其功能與象徵性的意義。對於類似的機關，例如其他各獨立機關，如果能學習其他國家的先例，由行政院研議設立非行政院院會的機關組織即可加以保留，並有更多彈性運作的空間。

(五)跟上全球化的腳步，性別平等的推廣

　　有關「性別平等委員會」納入政府組織方面，是有鑑於1980年以來，世界各國就陸續成立國家專責單位來負責性別平權的事務，1995年第4屆聯合國世界婦女大會（北京會議），確立了「性別主流化」，並通過《北京宣言及行動綱領》來推動全球性的性別平等策略，要求各會員國設置強而有力的國家機關。在2005年的10週年審查與評鑑會議中，更加確立了政府機構和機制是性別主流化的首要推手，所以諸如我國鄰近國家，日本、南韓、泰國、菲律賓、馬來西亞、越南等國，都成立國家層級的機構，以促進性別平等。因此，隨著國內性別平等的意識抬頭以及衍生的各項問題，我國在政府組織改造工程中，也應該要順應世界潮流設立「性別平等委員會」，且透過政策的擬定、預算的編列、計畫的推行與資源的分配，讓臺灣達到「性別平等」的目標。

　　另外，婦女新知基金會的代表提到聯合國最重視性別平等，但行政院的版本並沒有將「性別平等委員會」納入，依國際評等公司瑞士洛桑管理學院（IMD）的評等，臺灣當時在競爭力的排名已經退步數名，如果要照行政院的版本通過的話，筆者相信我們是沒有機會再把排名追回的。因為組織法有修等於沒修，半調子的政府組織再造等於沒有再造，這是沒有創新的洞悉，又不符合聯合國的要求，到時候會是白忙一場，還會造成各部會人心惶惶。行政院有很多的措施，譬如加發7個月的優退金的規定，等於是在強迫人家退休，當然這是行政院的獎勵措施；不過考試院在公務人員退休法的規劃是要取消「五五

專案」，且由「七五制」改成「八五制」，兩者會有衝突，大家未蒙其利先受其害。

(六)效能的提升與程序的簡化，應一併配合進行

現在世界先進國家都如火如荼進行「小而能」政府的寧靜革命，他們從 1980 年就開始進行了，我們現在已經加入 WHO，與國際接軌，我們當然不能置身於這股改革潮流之外。

行政院組織法從民國 38 年沿用到 98 年已經一甲子的時間，政府倡議要政府組織改造也已經 22 個年頭，在這漫長的歲月，我們都是淪為口水戰，只聞樓梯響，不見人下來。現在不管行政院的版本好還是不好，總是踏出了第一步，尤其是國民黨執政以後，在這一年內就提出了這個版本，筆者覺得也算是很有勇氣。但也因為時間的倉促，我們認為這個版本確實有很多問題，所以筆者於 98 年 5 月 27 日，針對行政院組織法修正草案召開公聽會，邀請專家學者，聽取各方不同的聲音，做為我們審查法案的參考。

針對行政院組織法修正的公聽會、座談會與論壇等，在這 10 年之內，應該也開過不下數十次，相信大家都有一個共識，就是政府一定要組織改造，方能提高政府效能及競爭力，這是無庸置疑的。至於部會總數及何者裁併？何者保留？這方面尚存有許多不同意見，至今無法達成一個共識，仍有討論的空間，盼能將政府組織改造的這項工程的任何細節都要做到最完善，

政府組織改造已經規劃超過 10 年以上，如今是一個契機，絕對不能夠因此而再度延宕。

這次行政院的版本沒有依照基準法的方向走，這次先審行政院組織法而非基準法，當然是有點違背程序，照理應該先修母法，然後再照基準法來修正組織法。筆者之所以會同意這麼做，是因為目前的狀況比較緊急，而且時空已有所轉變，所以我們經過協商之後決定先修正組織法，訂出需要的部、會及獨立機關後，再回頭修正基準法，這是考量到立法經濟和立法效率的問題，我們不可能先修基準法，確立它的部、會和獨立機關數量；再修正行政院組織法，確定討論出的部、會和獨立機關所得結果卻和基準法規定的部會數不一樣，然後回過頭來再修一次基準法；這既不符合立法效率，也不符合立法經濟，所以我們做了權宜性的考量。不過筆者看了行政院的版本後覺得遺憾，因為它不是只有程序問題而已，且根本沒有遵從母法，即基準法規定的精神。基準法除了規定部、會、獨立機關的數額之外，對於部的定位，及獨立機關的定義都寫得非常明確，包括附屬機關和其他機關的定義也都寫得非常清楚。93 年的時候，我們花了很多的精神、很大的心思去確立基準法的架構，我們是依照憲法增修條文的規定來制定這個準則性的法律，所以它的基本定義符合憲法的精神。因此筆者認為部會數量可以調整，但是基本的定義、準則一定要遵從母法的規定。

老實說，筆者對於此次行政院組織法的修正期許很高，筆者認為，組織法第 1 條立法依據，除了憲法第 61 條外，也應該放入中央行政機關組織基準法，因為基準法也是依據憲法增

修條文的精神去制定的，所以筆者希望能夠把此一精神也放進條文中，表示我們對法制的尊重。

　　雖然筆者認為政府有進行組織再造的必要，不過方才學者也建議我們不要用烏托邦的方式來進行，因為它的理想過高，但我們起碼要用 second best 的方式來完成。筆者認為除了研考會要考量修法必須符合基準法的規定之外，另外要特別注意的是既然要提升行政效率，是不是只要修行政院組織法，把組織瘦身、人事精簡以後就沒事了？這是不對的，譬如以前的精省，本來說可以節省 500 億元或 5,000 億元，結果到最後什麼都不是，腳趾痛了卻去開腦，腳痛醫頭，什麼效率、效果都沒有。

　　筆者覺得政府組織再造要加速推動並沒有錯，但相對的，行政機關的簡化行政程序的要求應該優於行政層級的簡化。只有行政程序簡化後，政府行政效率的提升才會有立竿見影的效果。這部分的成效除了有益於人民生計外，也可提供國際評等機構參酌，譬如瑞士洛桑管理學院 IMD 競爭力排名，希望透過這樣的修法，將來讓退步的競爭力排名回升。

　　另外，筆者也曾提過新竹科學園區的例子，當初我們在修正組織條例時，僅僅是一字之差，就能夠決定園區的局長能不能做下去，因為一是用政務官來任命，另一是用常任文官來任用，所以條文在修正時影響是很大的。尤其是在修正組織法或機關準則時，因為內容會涉及到機關最重大的定位及權益，各單位為了維護本身的權益，當條文涉及到該機關時，一定會特別注意！ 如何除去本位主義的掣肘，自是組改能否克竟全功的關鍵要素。

組織改造很重要，因為這可以提升行政效率。但提升行政效率的方法，除了將政府改造外，政府機關裡面行政效率的提升，亦至關重要。而行政效率的提升，首先就是把行政程序的簡化列為第一優先，這個工作可以現在就做了，不一定要等到政府組織改造完成才做。不要像以前花蓮的一個工程案，上面竟然蓋了七、八百個章；所以若地方可以決行的，就讓給地方政府去決行，然後由地方政府自己去負責。總之，行政程序的簡化對行政效率的提升，絕對有立竿見影的效果，而人民也才感受得到，行政層級或是行政組織的精簡，是整個大環境營造出來的；如果可以雙軌並進，相信我國行政效率及國家競爭力的提升，一定非常的快速。

　　上述行政院組織法草案送立法院（97.2.20）後，經提立法院第 7 屆第 1 會期第 2 次會議付委 (97.2.29)，司法及法制委員會於 98 年 3 月 27 日進行審查，決議：另定期審查。行政院於基準法通過後，復於 98 年 4 月 13 日提出「行政院組織法修正草案」，並撤回 97 年 2 月 20 日之提案，經提第 7 屆第 3 會期第 10 次會議付委（98.4.28），司法及法制委員會復於 98 年 5 月 14 日及 21 日進行併案審查，決議：另定期審查，並於同年 5 月 27 日舉行公聽會後，於 6 月 3 日、6 月 8 日及 6 月 11 日再舉行全體委員會議審查，決議：本案審查完竣，擬具審查報告，提報院會，需交黨團協商。朝野黨團 99 年 1 月 12 日完成協商，經提立法院第 7 屆第 4 會期的第 17 次會議（99.1.12）表決完成三讀，總統於 99 年 2 月 3 日公布。

三　行政院功能業務與組織調整暫行條例的立法過程

行政院、考試院會銜提案於民國 98 年 4 月 27 日函送立法院審議後，提經立法院第 7 屆第 3 會期第 12 次會議（98.5.8）付委，司法及法制委員會於 98 年 11 月 11 日審查完竣，提報院會並決議須交由黨團協商。朝野協商於 99 年 1 月 12 日完成協商結論，經提立法院第 7 屆第 4 會期第 17 次會議（99.1.12）完成三讀，總統於 99 年 2 月 3 日公布。

該條例除第 6 條、第 7 條、第 11 條至第 19 條有關員工保障事項於 100 年 4 月 8 日施行外，其餘條文均自 101 年 1 月 1 日施行至 107 年 1 月 31 日止。

當時考量行政院所屬尚有內政部、經濟及能源部、交通及建設部、農業部、環境資源部、大陸委員會等 6 個部會及所屬組織法案尚未完成立法；另海洋委員會及所屬組織法案尚未施行。鑑於前開新機關屬組織調整情形較為複雜之部會，依以往機關整備運作經驗，組織法案完成三讀後，仍須一段時日進行籌備方能周妥施行，故有關暫行條例各項規範仍有繼續適用之必要，筆者爰兩次擬具「行政院功能業務與組織調整暫行條例第二十一條條文修正草案」，第 1 次建議施行日期施行期限延至 105 年 1 月 31 日止，立法院於 103 年 12 月 30 日三讀，104 年 1 月 14 日公布。第 2 次再提案建議延長至 107 年 1 月 31 日，當時邱文彥委員亦擬具相同法案，建議延

長至 107 年 8 月 31 日，委員會併案審查，通過筆者版本，延長至 107 年 1 月 31 日，並於 104 年 12 月 8 日完成三讀，同年 12 月 23 日公布。之後行政院又擬具相同法案，於 106 年 10 月 26 日函送立法院，再將施行期限延長至 109 年 1 月 31 日止，經立法院第 9 屆第 4 會期第 12 次會議（106.12.8）三讀通過，同年 12 月 27 日公布。

筆者非常重視公務人員的基本權益，所以在審查過程曾提出諸多質詢與建言，一併提供參閱。考試院通過公務人員退休改革方案新制之後，尤其是公務人員退休法的修正，筆者即接到許多公務人員的陳情電話與陳情書，相信銓敘部應該也是如此。尤其「八五制」、「五五專案」及「提高退撫基金提撥率」等重大改革，涉及軍公教人員權益甚巨，加上在政府正值組織精簡改造之際，應該鼓勵提前退休，而非鼓勵延退，所以現在實施新制的時機成熟了嗎？

該次審查的行政院功能業務與組織調整暫行條例第 11 條明定民國 99 年 6 月 1 日起到 12 月 30 日止，任職滿 10 年 50 歲及任職滿 20 年 55 歲，可以辦理自願退休及領取退休金，並且依據第 12 條可以領取最高 7 個月的優惠退職慰助金；換句話說，就是鼓勵提早辦理退休。但卻只訂半年的時間？如果依照新修正的「公務人員退休法」，過渡時期都還有 2 至 3 年，但這半年時間有多少符合這資格的公務人員？當時銓敘部並沒有統計？而研考會應該去評估組織改造後，將會減少多少公務人員？銓敘部預估有多少公務人員會提出自願退休申請？這都關係到組織改造的成敗！相關單位都必須去精算，才可能達到的預期效果。

考試院推動的「八五制」，用意在於延長公務人員生涯，也可藉此減輕退撫基金支付的壓力，現在行政院因為政府組織再造，要精簡人事，所以用鼓勵方式，且在 7 個月內要搞定。在這麼短的時間內集中這麼多退休人員，一方面與考試院的政策有所扞格，一方面對公務人員的權益也有影響；且在這麼優惠的條件下，會不會造成退撫基金更大的支付？政府組織改造其實和「年金改革」息息相關，這都是在推動時所面臨的問題及必須重視與解決的面向。

四 行政院組織法修法結果

(一)增強「傳統8部」核心職能

除了增強內政部、外交部、國防部、財政部、教育部和法務部外，未來能源的發展趨勢也成為我國成長重要的里程碑之一，現今國際相當重視再生能源與節約能源的技術，能源開發已經是不可忽略的一塊領域，故組改後將經濟部改名為「經濟及能源部」，原經濟部能源局則升格為經濟及能源部能源署。交通部則與行政院公共工程委員會及內政部營建署營建業務整併為「交通及建設部」；並將行政院公共工程委員會裁撤，相關業務將轉移財政部和國家發展委員會。而內政部營建署未來將整併國土測繪中心、土地重劃工程處，改制為「內政部國土管理署」，原營建署之產業管理將移至交通及建設部，下水道工程處（環境工程）改由環境資源部管理，國家公園業務則另成立內政部國家公園署管理。

(二)新興業務，新增6部

組織改造也因應新興業務而有所調整，故增設 6 部，勞動部、農業部、衛生福利部、環境資源部、文化部、科技部；但農業部和環境資源部至今尚未改制完成。行政院農委會升格為「農業部」，原環保署組織調整改稱為與「環境資源部」後，林務局業務將拆分林業與保育兩部分，林產業部分將留在農業部，森林保育業務則移至環境資源部成立「環境資源部森林及保育署」；水土保持局將移至環境資源部，整併相關業務後升格為「環境資源部水土保持及地質礦產署」。99年三讀通過後，105 年總統府公布制定《農業部組織法》，但隔年三月卻暫緩施行，使農業部原訂 106 年 9 月 1 日的改制，再次喊卡。

(三)8部「2會」成為14部「8會」

大家耳熟的 8 部 2 會，如今改革將原 2 會中的蒙藏委員會裁撤，並增設國家發展委員會、大陸委員會、金融監督管理委員會、海洋委員會、國軍退除役官兵輔導委員會、原住民族委員會、客家委員會等七個會，加上原本的僑務委員會，強化「8會」政策協調統合能力；民國 106 年由文化部成立蒙藏文化中心接續推動原蒙藏委員會的蒙藏文化保存、業務及服務；如今人人口中的國家發展委員會（簡稱國發會），則是由「行政院經濟建設委員會」與「行政院研究發展考核委員會」合併而成，主要負責規劃國家發展策略計畫、促進經濟與社會整體發展、以及政府治理等工作，故別稱「小行政院」，未來也將裁撤「行政院公共工程委員會」，其業務歸列國發會。

(四)國軍退除役官兵輔導委員會留下的理由 ◢

　　當初民進黨提案要廢除退輔會，併入國防部，並在國防部下成立「退伍軍人事務總局」，表面上是要組織瘦身、精簡，實際上是政治考量。雖然現在是承平時期沒有戰爭，許多人因此而忽略了這些軍士官兵對國家的貢獻，但我們也應該居安思危，對國軍弟兄退伍後善盡照顧的責任。退輔會成立至今已經將近快 60 個年頭，長久以來致力於退伍袍澤的就學、就業、就醫、就養與服務照顧工作，使其無後顧之憂，更對國家的國防、內政、經濟、外交做出重大貢獻，深受國人與榮民弟兄的支持與肯定。然而，隨著時空環境的變遷、社會情勢的改變，退輔會確實有調整組織架構的必要，當初在推動政府組織改造立法的時候，曾經討論過是不是要設置「退伍軍人事務部」；期能更有效率的推動對於退伍軍人的各項服務工作，像美國、加拿大、韓國等都設有「退伍軍人事務部」。但礙於我國政府組織再造，各部會數額有限，資源統整的龐雜，不得已最後捨棄退伍軍人事務部，而維持退輔會的設置，確實相當可惜！

　　部與會的差別在於，「部」是擔任綜合性、統合性之個別性政策業務規劃與執行，而「委員會」則是強調統籌規劃、跨部會的政策協調與統合。雖然退輔會沒有改制成部，但筆者也是希望退輔會能夠強化現有的功能，並提升組織的效能。尤其過去最主要服務的對象是榮民、榮眷，但隨著時光過去也會逐漸凋零，除了原本業務要做好之外，現在因應國防政策的需要，逐年要擴大募兵比例，甚至達到全募兵制的目標；更要以完善的行政組織為後盾，才能更加有效率地推動退伍軍人的各項服

務，讓加入軍旅的官士兵從入營到退伍，都能有妥善規劃，使無後顧之憂，才能募集到優秀的新血投入部隊來捍衛國家。

另外，除了退伍軍人的照顧外，我們退輔會也可以擴及照顧一般民眾，我國現在已經邁入老年社會，退輔會的主要功能，是提供退伍榮民就養、就醫、就學、就業及服務照顧。其中「就養」功能更是未來相當重要的一環，退輔會自可以其豐沛優良的軟硬體設施，協助照護一般民眾。

根據國發會的統計數據，105 年全臺老年人口已進入黃金交叉，65 歲以上的人口將超過 310 萬人，佔總人口比例達 13.3%，首次超越 14 歲以下的幼年人口所佔的比例 13.1%；2025 年以後，臺灣更將邁入超高齡社會，老年人口比率會超過 20%，除了人口老化之外，最主要還有失能人口問題。根據衛福部統計，105 年國內有 78 萬失能人口，其中 50 萬為 65 歲以上老人，而目前長照資源的涵蓋能量只有 15 萬 4 千餘名失能老人，尚有八成未受到照顧，未來長期照顧體系的建立相當重要，更以「在地老化」及「社區照顧」等 2 大方向為發展目標。

退輔會所屬榮民之家及醫療機構，擁有對資深榮民養護、照護工作的豐富經驗與卓越成效，筆者希望退輔會能以現有養護、照護良好的基礎，在軟、硬體上進行改善，適度增加設施設備及人員，結合在地資源，並佐以退輔會績效優異的服務照顧，擴展為安養、失能、失智養護及長期照護等功能，讓各地榮家及榮院可轉型為兼具之社區化多元長照服務機構，發揮並擴大國家的長照能量。

(五)行政院組織法修法要旨

這次行政院組織法修正的重點如下：

1. 設置 14 部：分別是：一、內政部。二、外交部。三、國防部。四、財政部。五、教育部。六、法務部。七、經濟及能源部。八、交通及建設部。九、勞動部。十、農業部。十一、衛生福利部。十二、環境資源部。十三、文化部。十四、科技部。（其中科技部係筆者強力主張加入者）

2. 設置 8 個委員會：分別是：一、國家發展委員會。二、大陸委員會。三、金融監督管理委員會。四、海洋委員會。五、僑務委員會。六、國軍退除役官兵輔導委員會。七、原住民族委員會。八、客家委員會。（筆者所提版本，成立行政院性別平等委員會，未被列入，改以附帶決議方式於行政院內部設專責單位方式辦理統合）。

3. 設置 2 總處：即行政院主計總處及行政院人事行政總處。

4. 設置 1 行 1 院：行政院下設中央銀行與國立故宮博物院。

5. 設置 3 獨立機關：即：一、中央選舉委員會。二、公平交易委員會。三、國家通訊傳播委員會。（行政院版本僅空白授權規定得設獨立機關，筆者主張設 5 個獨立機關並入法明定，最後通過設 3 個獨立機關入法明定，係筆者主張 5 個其中之 3 個）

6. 改組行政院院本部：置政務委員 7 人至 9 人，秘書長 1 人、副秘書長 2 人，特任發言人 1 人。

7. 明定得於院內設專責單位：有關「性別平等」及「性別主流化」等業務，於行政院內設置「性別平等處」的專責單位，搭配現有任務編組「婦權會」，當可發揮政策統合問題及專責機關執行等綜和功能。

8. 明定施行日期：明定本法自民國 101 年 1 月 1 日施行。

五　行政院功能業務與組織調整暫行條例的立法結果

　　由於推動組織瘦身，在第三章時，我們曾提到要將總員額數精簡至 16 萬人，這個推動將有 5 至 6 千名公務人員受到影響，可能因此失去工作。對此，政府也推出優退方案，只要符合資格的公務人員自願退離，最多加發 7 個月俸給總額的慰助金。

　　除政務官之外，其他公務人員受「信賴保護」原則之保障，若非自願，政府不能像民間企業般資遣，也因此行政院推出優退計畫。凡公務人員任職滿 20 年、10 年且滿 50 歲或任本職職務最高職等年功俸最高級滿三年，皆可申請自願退離，但限領取一次退休金；任職滿 20 年、10 年且滿 55 歲的退休者，除了一次領取退休金外，也可選擇領取月退休金。

　　前研考會主委江宜樺當時也說，優退方案對公務人員「有一定誘因」，政府是以軟性、非震撼性的手法達到目的。江宜樺認為，雖然當年正值經濟不景氣，但也許最壞的時候，可能

就是改革最佳的時機。強調政府不是要製造高的失業率，精簡員額過程與民間企業相比更有保障、也有足夠的時間準備，且員額精簡與組織再造整體是配套進行，並非單獨針對公務人員而做的鼓勵或逼退。

員工保障權益從 99 年 6 月 1 日施行，若是當月辦理自願退離，可多領 7 個月俸給總額慰助金，每晚 1 個月申請，就少 1 個月的慰助金，依此遞減，直至 99 年 12 月 31 日為止，為期 7 個月。其實，優退方案是來自精省經驗，也是以加發優退模式在 1 年內達到人力新陳代謝目標。此次改良在於，精省時是以 1 年去吸收慰助金，但此次是直接用 7 個月計算，公務人員退職福利因此也大幅提升。

(一)行政院功能業務與組織調整暫行條例的立法要旨

有關暫行條例的重點，主要有以下 18 點：

1. 依行政院組織法修正條文設立之各部、委員會及所屬各級行政機關、原屬中央機關改隸或 業務調整移撥地方政府之組織法規，未及修正或制（訂）定時，由行政機關訂定暫行組織規程及編制表。另屬業務調整移撥其他機關者，原機關組織法規除相關掌理事項及編制員額，由行政院 以命令調整外，仍繼續適用之。

2. 行政院及所屬各級行政機關（以下簡稱原機關）所主管之業務法規，配合行政院組織調整，未及修正時之處理措施。

3. 原機關由業務接管機關概括承受或裁撤時,其經管之公有公
   用財產,應變更登記為業務接 管機關或財政部國有財產局管
   理;以及業務接管機關對用途廢止之公有財產,得以該機關
   名義, 辦理變更非公用財產之程序及撥用。

4. 配合機關調整型態,就預算之承接執行作原則性之規範,
   而為免相關預算受預算法第 62 條及第 63 條有關流用之限
   制而無法因應,特訂定報經行政院核准,得不受其限制。
   必要時,並由行政院或地方政府依預算法相關規定辦理追
   加、追減預算。

5. 為確實支應各機關依組織調整所需人員之優惠退休等費用,
   爰賦予各機關預算執行上之彈性;必要時,由行政院依預算
   法相關規定辦理追加預算。

6. 明定本條例有關權益保障規定之適用對象,並排除政務人
   員、公立學校教職員工及公營事 業員工之適用。另將曾配合
   機關(構)、學校業務調整而精簡、整併、改隸、改制或裁
   撤,依據 相關法令規定辦理退休、資遣或離職,支領加發給
   與者,明定其不適用本條例加發俸給總額慰助金、月支報酬、
   月支薪津或餉給總額慰助金之規定。

7. 適度放寬各項公務人員考試人員限制轉調之規定,使其順利
   接受移撥。

8. 明定移撥人員辦理轉任、派職,及其待遇支領之原則。

9. 為鼓勵公務人員配合行政院組織調整,自願退休或資遣,以
   達成人事控管目的,爰明定自願退休或辦理資遣之規定。另

規定辦理優惠退離權益保障措施之有效期間辦理自願退休、資遣等人員加發俸給總額慰助金之標準。

10. 約聘僱人員配合行政院組織調整而離職者，除依照各機關學校聘僱人員離職儲金給與辦法規定辦理外，並得依離職生效日或契約期滿日，加發一定月數之月支報酬。

11. 駐衛警察配合行政院組織調整而辦理退職、資遣者，除依照各機關學校團體駐衛警察設置管理辦法規定辦理外，得加發一定月數之月支薪津。

12. 工友（含技工、駕駛）為配合行政院組織調整而辦理自願退休或資遣者，除依照勞動基準法、工友管理要點及中央各機關學校事務勞力替代措施推動方案等規定辦理退休、資遣外，並得依退離時間之先後，加發一定月數之餉給總額慰助金。

13. 休職、停職、留職停薪等人員，本質上仍具公務人員身分，爰明定得適用本條例有關優惠退休、資遣等規定，其移撥新機關者，原服務機關應列冊交由新職機關繼續列管及執行。

14. 明定依優惠措施辦理離職之聘僱人員，於不符合請領公教人員保險養老給付條件時，得給予補償金，並由原服務機關編列預算支應。

15. 為期行政院組織調整期間之員工權益能獲得周全保障，明定本條例未規定之相關權益保障事項，授權由行政院會同考試院另定處理辦法。

16. 原行政院海岸巡防署所屬軍職人員及各機關依組織法規聘任之人員，其任用（官）、俸（薪）給、退休（伍）等人事制度與公務人員有別，僅得依其性質準用本條例有關權益保障之規定，爰授權行政院另定辦法予以規定。

17. 為減省分別立法之程序作業，並避免規定歧異情事，爰參照中央行政機關組織基準法第 38 條，明定行政院以外之中央政府機關準用本條例；預為前開機關功能業務與組織調整建立推動之法律依據，以符立法經濟原則，並維政府一體精神。

18. 明定本條例除第 6 條、第 7 條、第 11 條至第 19 條施行日期，自 99 年 6 月 1 日施行外，其餘條文自 100 年 1 月 1 日施行，均至 101 年 12 月 31 日止。

(二)行政院功能業務與組織調整暫行條例第21條的修法要旨

暫行條例施行後，為應實際需要，第 21 條復 3 次提出修正。其情形如下述：

1. 筆者提案（103 年 12 月 30 日三讀，104 年 1 月 14 日公布）為利於未完成立法程序之 7 個部會適用本條例所定組織與職掌調整、財產接管、預決算處理、員額移撥與權益保障、法規制（修）定等特別規範，以及配合立法院第 8 屆立法委員任期，爰提案修法延長施行期限至 105 年 1 月 31 日止，俾能配合組織法案審議進程，使新機關完成相關配套作業。

2. 筆者及邱文彥委員分別提案（併案審查），（104 年 12 月
   8 日三讀， 12 月 23 日公布）；施行期限再延長至中華民國
   107 年 1 月 31 日止。

3. 行政院提案（106 年 12 月 8 日三讀，106 年 12 月 27 日公布），
   施行期限再延長至中華民國 109 年 1 月 31 日止。

六　行政院組織改造的個案探討
　　─ 蔡政府組織亂造令人憂慮

(一)蔡政府組織亂造─黨產會、促轉會

　　當年行政院組織改造於 101 年 1 月 1 日啟動，剩下 6 個部
會的組織法及核安委員會，就算是大功告成了，但卻被在野黨
（當年為民進黨）阻擋，甚至耍了，導致功虧一簣，原本剩 7
個部會組織法尚未通過，經過多次的朝野協商也都談好了簽字
了，在野黨要求組織法要過，要連同最具爭議的海洋委員會及
海洋保育署組織法等 7 個組織法一起過，等於用一個海委會來
綁其他 6 個部會，原本有爭議的環資部、農委會及海委會，在
前立法院長王金平指示下筆者召集多次協商，行政單位也都有
誠意的讓步，最後呢？院會宣讀過了海洋委員會組織法草案後，
在野黨就撤簽了其他 6 個，講實在話，急切要通過的部會沒有
過，不急的反而被當成籌碼，還通過了，剩下這 6 個部會組織
法，國發會有去和在野黨團溝通嗎？究竟還有什麼問題呢？還
是全部都是政治因素？

正因為組織改造無法如期完成，暫行條例才要一延再延，筆者 104 年時，曾鄭重呼籲當時的在野黨委員，應該為了國家行政效率及國家競爭力，讓組織改造早日完成，或許未來在野黨也有機會執政，讓政府組織完整，提升行政效率，不是很好？若拖過明年，屆期不連續，這幾個部會的組織法又要重頭開始審查，朝野花了這麼多時間，為什麼要讓政府組織這樣支離破碎呢？

　　105 年政黨輪替，筆者思索也許當年蔡政府剛上任有許多事項需要整理和規劃，因此不得已先暫緩改制，但明年 2020 的總統大選在即，經過 4 年的整理和規劃，組織改造的進度似乎只有小幅變動；農業部、環境資源部、經濟及能源部、交通及建設部，皆未完成。拖了 4 年原定的部會只過了海洋會和陸委會，蔡政府還增加「促進轉型正義委員會」、「不當黨產處理委員會」、「國家運輸安全調查委員會」。筆者認同運安會成立的必要性，尤其 107 年的普悠瑪事件後，更彰顯運安會的重要性，不過促轉會和黨產會的成立，倒是讓筆者相當困惑。

　　民國 76 年解嚴以後，接著開放黨禁、報禁，經過了近 40 年的時間，我們也即將迎來第 4 次的政黨輪替，這一系列的改革開放，也代表了我國政黨競爭已經邁入常態化。這也表示，政黨之間的競爭，需要一個公平、公正的法制規範予以遵循，才不會因為政黨間的競爭激烈，反倒成了政局紛亂的不定時炸彈。國民黨的黨產問題，長久以來一直被詬病，甚至每次選舉都被拿來炒作，確實需要嚴肅地來面對及處理，而處理黨產更應該要符合公平正義及社會的期待。

　　針對國民黨黨產問題，有其特殊的時空環境背景，這是國家歷史的包袱，從一黨專制，到威權，再到民主國家，所必須面對的，國民黨絕對有誠意來處理。據了解國民黨中央從89年開始，就已經開始陸續做處理，無論是回贈各級政府機關、交付中央投資股份有限公司強制信託、標售、或是就監察院調查過、行政院列管的爭議黨產已全部處完畢，都在在顯示積極的態度，只是其他政黨及外界都不相信而已。日前中央黨部更宣布，現有黨產扣除現任及退休黨工退休金後，餘數將全數捐出。

　　國民黨的黨產要解決，但並非是用清算、鬥爭的角度去處理，來造成社會的對立，政治的操作。國家如果真的要用公權力對財產權進行限制或剝奪，不外乎就是稅捐、沒收和徵收三種方式。但我們可以看到，黨產會成立的目的，不是稅捐，也不是徵收，而是以沒收的方式，去強制剝奪單一政黨的所有財產。這樣的沒收方式，覺得依理有據、合法所為嗎？筆者建議，不如將爭議黨產詳列出來，直接交由監察院進行調查，交由法務部來偵辦。

　　什麼叫做「不當」？在未經司法機關或行政部門的調查，就直接推定單一政黨的財產為「不當取得」；依無罪推定原則，一個人在法院上應該先被假定為無罪，這不僅是我國的訴訟權益保障，也是聯合國國際公約確認和保護的基本人權。筆者無法理解，為什麼多數提案的委員，甚至許多委員還是法律專家、律師，在未經任何公正的評定下，直接對單一政黨下追殺令，公然違背無罪推定原則，難道不需經過法院判定嗎？

筆者認為，對於政黨黨產處理的相關法律制定，應該理性討論，針對問題來解決，要以當時的時空環境背景去理解，不要刻意的去操作及對立。我們應該關心的是，如何遏止人頭黨員，黨內賄選加入刑責等，及未來政黨不得經營營利事業，黨產透明化等，而非針對特定政黨進行清算。

　　再者，在全面民主化之際，政黨政治的蓬勃發展，依據內政部民政司 105 年 3 月 10 日的數據顯示，已備案的政黨就有295 個。人民團體法對於政黨採取消極的低度規範，已經不足因應政黨競爭的蓬勃發展；如何明確的規範政黨活動，建立政黨公平競爭機制，將政黨抽離人民團體法的規範；無論是政黨人員的規範、政黨財產的處置、甚至是政黨事務的範圍，筆者認為，制定〔政黨專法〕實有其需要。

　　此外，蔡政府成立促轉會，列為行政院獨立機關，卻規避中央行政機關組織基準法第 5 條第 3 項：「…不得以作用法或其他法規規定機關之組織」規定。蔡政府賦予促轉會的職責為，負責有關轉型正義的事項，主要針對過去的威權主義統治時期，規劃和推動還原歷史真相、開放政治檔案、清除威權象徵、保存「不義遺址」、平復司法不公、促進社會和解、不當黨產的處理及運用等工作。同時授予促轉會調查權、行政處罰權、調用人事權、指揮憲警去搜索與調查文件，還可在無明確規範，無調查程序下做各種調查；而受調查者需自負舉證責任，若被人格騷擾是完全沒有救濟機會，嚴重違反我國刑訴相關規定。除此之外，促轉會得指派、調用或聘僱適當人員兼充研究或辦事人員，行政機關不得拒絕；對於公務人員任用制度與人事穩定破壞殆盡。像這樣的獨立機關只會破壞權力分立原則，立法

的空白授權將使促轉會權限不受節制，促轉會認定的事項亦可無所不包，不受行政院組織法之限制，其權限被無限擴大，根本是白色恐怖合法化的再現。

目前已有國賠法、刑事補償法、二二八事件處理及賠償條例等相關轉型正義法律，不須再以促轉條例的框架立法。所稱「平復司法不法」，現下已有「戒嚴時期人民受損權利回復條例」，則本條例之規範與回復條例疊床架屋、重覆施恩。但轉型正義的措施、組織，與現有的檔案管理局、二二八基金會、國家檔案管理委員會等單位法制及組織結構，根本疊床架屋。民進黨政府已完全執政，如認有缺漏、移轉不實、竄改滅跡者，從總統、行政院院長、國安會秘書長、國發會主委，就可立即處理妥當了，其他白色恐怖檔案、重大政治事件的檔案，只要修改檔案法解密，無另立專法之必要。

促轉會不應僅處理威權時期，其他族群與議題之轉型正義也應納入，民進黨促轉正義不能只為自己政治鬥爭量身打造法律，既然要轉型正義，臺灣四百年來，各種遭受不正義的族群與事件皆應一併討論；千萬不要讓「轉型正義」變成「正義轉型」。

既然現有機制就能處理過去威權時代所產生的事情（如沒收黨產、調查政治檔案、受害補償等，現有機制已經可以去處理），為何還要另訂一個專法去處理？針對過去欲清算的事情，究竟是解決社會的分裂，還是加速社會的分裂？就民進黨提的草案來看，追究至 1991 年止，那 1991 年後也有許多人被舊政權賄賂，而不去追究舊政權所造成的傷害，這樣做是否會

造成更不好的觀感？兩黨對立是眾所皆知的事情，但好的競爭也能使彼此有所成長，雖然黨的主張不同，不過皆是為了臺灣好，如今民進黨一上任便想修理國民黨，先創黨產會，再立促轉會，直接越過母法（基準法）成立，就算民進黨認為這兩個會如此重要，難道有比組織改革更重要嗎？

從組織法三讀通過後，至今即將滿 10 年，筆者不得不感嘆，是否一碰到選舉、政黨輪替，所有的政策就必須先停擺？等到政府組織改造完成恐怕又過了 10 年，到時候是否又要因應環境轉變、科技變化而重新擬定第 3 次組織改造？這樣的無限循環對國家發展好嗎？政府改造本該協助國家發展更順暢、政策推行更流利；改造的速度也該加快腳步，不該搭乘區間車緩速行駛，而是轉車改搭高鐵，全速前進。

(二)提高稻米收購價格，農民有無實質受益

民國 100 年提出農業部組織法草案時，政府曾宣布提高公糧收購價格每公斤 3 元；而農委會一年編列 53 億元的公糧收購經費，還有評估每個人一年多花的 200 多元飯錢，但是這筆錢實際進到農民口袋裡的有多少？還是讓握有庫存米糧的糧商大發利市？甚至有稻農預期，等到實際收割、農民賣穀後，糧商還可能有第 2 波米價調漲，再賺一筆，使得明明是要照顧農民、提高農民收益的一番美意，結果農民未必得到實質照顧，一般消費者卻已經先倒楣，承受米價上漲的苦果，而實際獲利的卻是糧商。今年一期稻作還未收割，糧商卻已率先調高米價，筆者認為宣布的時機有些不適當。

　　每次提高收購公糧，農委會就以米價上漲是「預期心理」來帶過，政府對於查緝伺機哄抬價格的不肖糧商，是否應該有殺雞儆猴的積極作為？否則農民都還沒有從中獲益，米價卻已率先調高，這樣是讓一般消費者與農民雙輸的狀況，目前有沒有查到，不肖的糧商哄抬價格的情況？

(三)農田水利處不宜變為三級機關轄下之一組

　　過去農委會主管 15 個農田水利會，未來計畫增為 17 個。未來，行政院農業委員會農田水利處將與水土保持局農村再生相關單位整合升格為「農業部農村」及「農田水利署」。但水利處原本卻是要設置在農村發展署下面。

　　筆者認為，農田水利業務涉及水源、水權管理，像現在旱季需要節水移用民生用水，其他也和工業用水有所牽涉，若只以一個組來管理、督導甚至對外協調其他部會，層級恐怕過低，況且目前農委會，為有利農業水資源運用、應變，及澇旱災對內、外之調度、協調等業務運作順暢，主張由中央農業機關統一來主管，而且沒多久前我們才審查過「農田水利會組織通則」，擬將全國農田水利會讓農委會來統一主管，但如果只是三級機關之下的一個組，那還不如回歸直轄市來主管，農田水利處如果不改制為司，起碼也應該提升到三級機關的層級。過去，農田水利會的前身，林業處水利科，就是因為層級過低影響監督輔導功能，才邀產、官、學代表開會，並決議將它提升為農田水利處，如果真的降為組，豈不是走回頭路。所以筆者主張，農田水利處應該提升位階。

不過 106 年,行政院拍板定案要將農田水利會改為政府機關、會長改為官派、解散會務委員,後續並要將水利會資產充公乙事,筆者表達強烈譴責與反對! 106 年 10 月 5 日全國水利會反改制自救會來立法院及行政院抗議時,新政府還推托研議中,其中民進黨立委更信誓旦旦不支持改制,結果才短短 1 個月就定案改制。不僅違憲違法,更欺騙農民、強奪民產,為選舉綁樁賣官,簡直吃相難看。

農田水利會的資產是先民籌資創立與早年農民出錢出力累積而成,而會長直選也是基於民主原則及人民團體自治精神。從民國 91 年實施到現在,現在執政的蔡政府卻大開民主倒車,不但罔顧會員權益,更未經司法程序就充公民間資產,完全無視民主及憲法對於人民財產權的保障。

根據大法官釋字第 628 號解釋文,明確表示農田水利會屬於地方農民水利需求所自發組成的互助團體,具有會員自治特性,和具有執行行政任務,貫徹行政權與公權力的行政機關性質大不相同。尤其,近年政府在進行「組織改造」精簡政府人事及裁併機關,依據中央行政機關組織基準法第 9 條「業務性質由民間辦理較適宜者」不得設立機關;第 10 條「職掌應以委託或委任方式辦理較符經濟效益者。」應予調整或裁併。現在將農田水利會強制改為行政機關,除了有違憲之虞,也違反組織基準法,完全和政府組織改造精神背道而馳,更何況改為公務機關後,將會增加政府人事成本!

民進黨政府以政治考量與算計來進行水利會改制,完全不顧農民會員及灌溉用水權益。何以獨裁至此,說穿了,就是會長選不贏,乾脆改制讓民進黨直接掌控全國農田水利會,好安插自己人馬,方便控制派系樁腳,為日後各項選舉之用!

99.10 呼籲制定法官法，呂學樟和潘維剛期同召淘汰恐龍法官記者會。

100.7 呂學樟與趙麗雲立委召開記者會，邀請陳明堂、內政部家庭暴力及性侵害防治委員會執行秘書簡慧娟等人出席。

98.3 呂學樟協助成功爭取國人赴英國免簽證與外交部及英國駐台代表處舉辦宣導茶會。

104.0925 違法餐券記者會。

立法院會質詢行政院長毛治國。

101.01.02 低底盤電動公車新竹南寮 - 竹科線通車典禮。

101.04.11 國民黨黨團舉辦記者會呼籲政府把關含萊克多巴胺肉品進口，維護國人飲食健康。

101.09.01 國民黨黨團書記長趙麗雲與呂學樟委員、潘維剛委員在立法院召開「組織再造 - 有步驟、不出錯」記者會。

▶第五章
政府機關的法規鬆綁
－行政法人化

一 行政法人法的立法背景

(一)行政法人的起源概念

　　行政法人法，是公法人的一種，也是管理風潮下的新公共產物。為因應公共事務的龐大與複雜性，原本由政府組織負責的公共事務，但屬特殊的公部門體系單位或研究機構，經檢討後被普遍認為不適合再以政府組織繼續運作，而牽涉的公共層面又不適合以財團形式經營者，可改設為「行政法人」的組織模式繼續運作，以減少公務人員體制的羈絆，且有利提升研發能量及技術轉移。

　　1980 年代末期柴契爾夫人的行政改革開始，英國於 1988 年發表 Next Steps（續階計畫）報告書後，Agency（政署）的推動速度加快，而且成效不錯，因此日本起而效法。橋本內閣在 1996 年設置行政改革會議，而在其最終報告中確定了「內閣機能之強化」、「中央省廳之再編」、「行政機能之精簡、效率化」、「公務員制度之改革」等目標，而獨立行政法人的建置就是屬於「行政機能之精簡、效率化」之項目。

　　按照日本行政改革的「最終報告」，獨立行政法人的產生：乃「為貫徹官民分擔，而徹底檢討各項事業，並創設獨立行政法人等，以達到行政之簡單化與效率化為目標」。

　　其具體的做法，是將國家的事務區分為政策企劃與執行實施兩個區塊，原屬於行政事務的機關而屬於執行實施的部分，以民營化或移轉民間的方式向民間移轉，使行政法人具有獨立性，不受國家過度干涉，並引入績效制度。換言之，不論是英國或日本，其政署或獨立行政法人的設置，都是以效率為出發點。

(二)支持行政法人的建制與建議

　　筆者相當支持行政法人的建制，因此先前外界認為有部分委員包括筆者在內，反對「中正文化中心設置條例」的立法，這是錯誤的。譬如國民黨版的「中央行政機關組織基準法」將行政法人納入，筆者舉雙手贊成，而且比國民黨團其他委員還堅持。只是因為行政法人在我們國內算是一項新的建制，需要討論與凝聚共識的地方很多，例如究竟行政法人的定義為何？將來適用的對象、範圍有那些？當時，在這些基本原則都還未確立的情形下，就急於將兩廳院行政法人化，是否有利於未來的發展，對於當時推動的組織改造來說，是一個充滿變化的未知數。

　　而觀察國外推動行政法人的過程，都是先將屬於私經濟領域的國營事業民營化推動成功以後，再導入行政法人化的建制工作；譬如英國是如此，日本也是有鑑於三社（國鐵、電信電話、專賣）的民營化成功案例，再引進獨立行政法人的制度。

　　我國推動國營事業民營化算是成功嗎？漢翔、台肥、中船徹底失敗；而交銀、中華電信接連被當時執政的民進黨陳水扁

政府當成酬庸的工具；另外，缺乏績效的中油、台電、台鐵等最需要民營化的國營事業都一延再延。這些國營事業的人員數以萬計，其預算數以千億計。在失敗的經驗下推動行政法人的建制，如果沒有好的制度來規範的話，難保不會走上國營事業民營化的失敗結果。

畢竟日本在推動行政法人的過程，從學術討論到付諸實現也是經過數十年的過程。要立一個法並不困難，但是要制定一個長治久安的良法，卻不容易。

行政法人由政府出資設立，但跳脫國會監督，關於這點是否妥當？換言之，這是兩難，如果要達到徹底鬆綁、市場績效導向，當然是政府管的越少越好；但預算來自於政府，國會可以不行監督之責嗎？我們究竟要選擇綁手綁腳的行政法人，還是有如脫韁野馬的行政法人？這是在制定「行政法人法」時，必須先確定的方向。另外，既然是由政府出資，其盈餘是否該繳庫？

按當時行政院「行政法人法草案」的規劃，原有的員工可以留任，但必須適用公務人員的相關法令；而新進人員因不具公務人員的身分，所以是依據法人機構的人事規章。

如此「一國兩制」，好管理嗎？換言之，因為有公務員服務法的適用，所以有禁止兼職、有保密義務、有旋轉門條款、有服從義務；請假有特別規定；不能收取餽贈；考績也適用公務人員考績法。當每個工作人員的權利義務都不相同的時候，這要怎麼管理？

(三)各機關改制行政法人的接受度？

　　據筆者觀察，在行政機關中對於行政法人化的接受度普遍不高。其一，改制行政法人必須在人事法規、財務運用及業務監督上鬆綁；這對於政府各機關習慣於集權指揮監督、上下層層管制的傳統做法，有很大的落差；也就是說，國家的權力必須要釋出，讓民間來參與，相對的，人事權、財政權就無法來掌控，這是各政府機關所不願樂見的。其二，原機關職員的反彈，因為機關改制人事制度跟著改變，當然原機關人員會對於未來升遷及工作、退休等的權益產生不安全感。雖然改制過程中，在法律上，原機關人員的保障的措施是不會少的，只是大多數人都不清楚，導致不安，進而反對。其三，過去兩廳院中正文化中心的失敗例子；中正文化中心法人化後，董事長與總監的領導爭議及監督機制的薄弱等等。這些都是改制行政法人的疑慮，也是各機關一時難以接受的原因。至於當時立法院的氛圍，則是採開放的態度，過去立法院對於行政法人化接受度不高，是在於母法沒有建立及監督機制不完善；只要立法夠周延，國會的監督機制可以強化，不至於讓改制的行政法人如脫韁野馬，基本上都算是可以接受的。

　　「行政法人法」是政府組織改造中的重要一環，而該法也在民國100年4月8日三讀通過，並在同年4月27日公布施行。相信「行政法人法」中的原則與相關機制建立周延，機關法人化是可以被立法院所接受的，而各機關若要轉型，適不適宜改制，相信可以被大家討論，而且接受度應該會比過去還高。

(四)視各機關的執掌及業務性質，來看是否適合改制行政法人

　　就筆者的觀點來看，什麼樣的機關適合改制為行政法人？行政法人最主要的理念就是在提升行政效率，由國家任務的種類來做區分，如果國家任務不涉及強制性或是公共色彩，又自給自足的能力有限，無法透過民間單位以市場機制來支撐，這時就可以考慮以行政法人來做。改制為行政法人，就是希望打破以往政府、民間體制上的二分法，使政府在政策執行方式之選擇更具彈性，並適當縮減政府組織規模，其特色在於可引進企業經營精神，使這些業務之推行更具專業及效能，擺脫現行行政機關人事、會計等制度之束縛。

(五)改制成法人，其自籌財源能力？營運成長能力？效益有那些？成本有哪些？

　　其實以目前的狀況來看，各機關自籌財源的能力是有限的，因為畢竟行政法人剛成立之初，要能賺錢是比較困難的。所以說若改制成為行政法人，依據過去的資料來看，各機關改制後一段時間，起碼自籌財源要提高至15％才勉強可以維持運作。而各機關如果改制成為行政法人，勢必要以營利為導向，開辦業務也要結合產、官、學界，為了要符合市場需求及政府機構需要，業務性質及發展政策還要配合政府施政所需，市場與政策兩方面要如何兼顧，這是一個重要的課題，也是有待研議解決的，如此才能有效提高自籌財源。

　　筆者對於各行政法人營運成長能力與未來的前景是相當看好的，導入企業精神提高效率，再結合各產業的力量，贊助款、場地租金及其他週邊營運收入，以民間企業計算營收成本的精神，設計一套營運模式，又能精準的控管成本預算，相信營運成長是可以預期的。最主要效益可以減少政府投入的成本與支出，讓組織業務更符合成本效益，藉由法規及人事的鬆綁，引進企業的績效管理與營運人才，讓資源可以充分的發揮。由於是以營利為導向，所以對於組織業務的效益，自然更加注重「成果導向」，任何對於提升組織業務與功能的方法都有可能去嘗試，而一位優秀的管理人才對於國家社會的貢獻是難以估計的。投資在對的人身上，就是對未來做最好的準備，所以節省政府支出，訓練更有績效，培訓更多元化，都是行政法人化的效益。

　　至於改制的成本方面，除了法規部分的修訂與政策的改變之外，最主要就是人事方面的變動。例如原隸屬於公務體系的人員，其職務調整、工作保障，優遇退休等等，這些都是重要的成本支出；加上引進相關專業的優秀人員、訓練講師、企業參與等，都是需要納入成本來考量的。在硬體設施方面，相信既有的規模與設施變動不大，但往後視營運狀況再來增加的軟硬體亦將納入成本。

(六)法律和制度條件，對於改制的影響為何？

　　目前行政法人的概念在國內尚未成熟，當初兩廳院改制行政法人是母法未過子法先行的狀況。現在行政法人法已施行，

初步規劃成立 5 個行政法人機構，包括：國家中山科學研究院（國防部）、國家運動訓練中心（教育部）、國家表演藝術中心（文化部）、臺灣電影文化中心（文化部）、國家災害防救科技中心（科技部），並將逐一制定個別組織條例。

過去兩廳院母法未過子法先行，雖未明顯違反體制，但亦不宜大量複製此模式，而兩廳院從民國 93 年 1 月立法通過，當年 3 月改制，至今也運作多年了[註1]。從其中發現不少缺失與需要改進的地方，也引起各界廣泛的討論跟檢討的聲浪，而這些都是往後相關機關改制的借鏡，所以各機關若要改制為行政法人，當然必須依據「行政法人法」的相關規定，再來研究各機關改制的可行性，一方面依照法制程序來立法，且有明確的法律授權，改制比較不會有問題，另一方面在母法裡已有完備的制度設計，面對改制及日後的運作也會比較完備。所以法律與制度的設計對於各機關的改制，算是影響最大，也關乎改制與否的重要條件。

(七)機關改制行政法人的優越面及限制面？及其可行性？

改制為行政法人，其優越面為：第一，組織行政上可以跳脫官方框架式的組織運作，在組織行政上更可以因應社會發展的趨勢，隨著環境做調整。第二，人事上，將更有彈性的聘用

[註1] 筆者擔任立委時，於 102.6.14 發表「臺灣競爭力論壇－國家三級四級機關轉行政法人可行性」一文所提。

專業人才,不受公務機關經考試用人的限制,可招募民間優秀人才,也可向國際上的專家學者徵召。第三,經費上也將更有彈性,引進民間、企業等的合作,加上自主營收的財源,不再全部依賴政府財政支出,可以減少政府財政負擔。第四,以績效為導向,將更有效率的整合訓練資源,讓培訓的軟硬體設施可以充分的利用,比較不會有閒置的狀況發生。第五,以行政法人的型態更利於與國際接軌、交流,因為臺灣外交空間的關係,若以純官方的機構對外,恐怕礙於外交現實,許多國家及國際級的機關(構)都很難會有交流機會,若以行政法人的組織型態,相較之下,推動跨國合作培訓、交流將更加容易。

在限制面,主要為:第一,無法完全獨立自主,因為絕大部分經費仍由政府補助,所以相當程度仍需要由政府及國會監督。第二,培訓仍須配合政府政策,所以法人若過分強調營利導向,勢必會和用人部門與國家政策脫節。第三,在自籌財源方面,因為各機關(構),要純靠賺錢來獨立維持運作是比較困難的,因此與民間或企業結合,獲得贊助,相對來說顯得重要。第四,行政法人運作模式尚未成熟,目前在國內行政法人機構與運作模式都還在摸索階段,尚未達到成熟階段,加上法律施行也都將會有一段磨合期。這都是改制的限制。

在可行性方面,現在法制方面已建置完成,有了周延的制度設計,加上依據各機關涉及公權力的程度與本身業務條件來制定相關子法。綜合前面所提到的相關層面,筆者很樂觀的認為,各機關視業務屬性改制為行政法人是可行的。

(八)行政院函送「行政法人法草案」之立法理由

　　行政院基於政府改造乃當今世界各國共同之趨勢，為建構合理的政府職能及組織規模，並提升政府施政效率，確保公共任務之妥善實施，故參考主要先進國家之制度精神，推動行政法人制度，打破以往政府、民間體制上之二分法，讓不適合或無需由行政機關推動之公共任務，由行政法人處理。俾使政府在政策執行方式選擇上，能更具彈性，並適當縮減政府組織規模，同時可以引進企業經營精神，使相關業務推行更具專業性、更講究效能，而不受現行行政機關人事、會計制度之束縛。爰會同考試院研擬「行政法人法草案」，於民國 98 年 5 月 11 日函送立法院審議[註2]。本法草案立法之必要性，有下列 3 項[註3]：

1. 落實行政院組織改造效益：本法為行政院組織改造配套法案之一，並與其他組改法案列為第 7 屆第 4 會期的優先審議法案；於完成立法施行後，將有助於組織改造作業的順利進行，並能合理縮減政府組織規模。

2. 加速推動個別行政法人的立法：本法係就個別行政法人共通性事項作原則性規範，並提供個別行政法人立法架構的導引。目前政策推動上係以雙軌並行之方式處理，不論本法草案 通過與否，個別行政法人均需制定其設置條例送立法院審議。本法於完成立法後，將可加速個案的推動。

[註2] 此為行政院與考試院會銜第 3 次送立法院草案，前 2 次送立法院草案均未排入議程。

[註3] 引自立法院公報 第 99 卷 第 39 期 院會紀錄，頁 89。

3. 賦予管理彈性，提升服務效能：部分由行政機關辦理的公共任務，可能需要高度專業性人力或強調企業經營效率，因受限於相關公務部門人事、會計法令的束縛，使得行政運作缺乏彈性。透過行政法人的設計，使公共任務執行更具彈性及效能，方能及時回應多元社會之需求。

二　行政法人法的立法過程

(一)國會監督機制的必要性

　　政府機關行政法人化，是 1980 年代以來的新公共管理思潮，對於政府機關的僵化、官僚、集權及龐大，做一個改革，導入企業經營管理的模式，對組織及人事做彈性的調整，讓其更有效率。雖然對機構的人事、財務、法規進行鬆綁，但因為政府也給予一定經費的補助，所以監督的機制相當重要，當時中正文化中心最讓人詬病的就是無法有效的監督，及董事會和藝術總監之間的歧異，導致權責不清，決策不一，在運作上並未達到預期的效果。不能否認的，監督確實較為鬆散、不完備。

(二)母法未過子法先行雖沒違法但是不宜─以中正文化中心為例

　　中正文化中心是臺灣第一個行政法人，也是在「行政法人法」尚未通過前，先行成立的行政法人，雖然在法律上「國立

中正文化中心設置條例」沒有所謂違法的問題，畢竟它也是經過立法院三讀通過，但是在法律位階上確實有些問題，沒有母法原則性的規範，容易造成制度上的不完備。在沒有一個基準法的架構下，就容易形成規範不明確、權責不清楚、監督不確實，且形成實驗性質。

中正文化中心原隸屬教育部之三級機關，是國家音樂廳及國家戲劇院之營運管理者，及表演藝術之規劃推動者；是我國最重要之藝術表演場地，具有高度藝術專業性。不過當時即便設立「國立中正文化中心暫行組織規程」，卻缺乏正式組織法源，機關屬性定位不明，且處於隨時可能面臨大幅變動的狀態，使員工缺乏安定感。再者公務機關之人事制度不適合藝文機構，在公務人員任用資格之限制下，想要聘具有藝文專業背景人才，對中正文化中心而言，形成巨大的阻礙。然而正式人員未有專門之高普考試科目，專業人士進用困難，約聘僱人員則因缺乏福利保障，穩定性不足，難以留住優秀之專業人才。由於公部門採年度預算制，但國際知名表演藝術團體卻往往在 2 年前即排定行程，亦即當年度便須支付 2 年後甚至 3 年後演出活動的簽約金，在現行年度預算制度下，將有其困難，導致公務部門之預算及會計制度不盡合宜。

若往後有其他行政法人相繼成立，將會造成政府管理及監督上的不易，因為每個行政法人發展不盡相同，採首長制或是董事會、理事會制其運作即不一樣，政府對它的監督及評鑑方式也會不同，所以在法律的原則及制度上，母法未過子法先行確實是不宜，會造成許多不必要的困擾。所以行政法人法在立法時也頗具爭議，為了周延立法，筆者堅持在立法前先由立法

院司法及法制委員會舉辦「行政法人法公聽會」[註4]，目的是要匯集專家學者的意見，作為立法的參考，除了讓整個制度完備之外，就是要配合政府組織改造，讓一些可以導入企業及專業精神的機關，改制為行政法人，讓機關更有效率。

▌(三)國會直接監督機制的加入

　　未立法前的行政法人監督機制，是內部及外部和立法院的間接監督，當然這樣的監督是有問題的。內部是董事會及監察人對於對於營運計畫做事前審議的監督；外部是由監督機關，就是原政府的主管上級機關，聘評鑑委員會做事後監督，但是立法院只能就預算審議做間接的監督，不但薄弱也沒有約束力，雖然行政法人化是減少政府的干預，減輕政府的負擔，但也不能為所欲為。

　　行政法人作為政府組織的一部份，是國家立法設置成立，執行國家的公共任務，又支領國家預算，全體董監事又是行政院長任命，所以董監事及藝術總監，當然有義務到立法院備詢，接受國會的直接監督。但為了行政法人設置的精神及維護其獨立性與專業性，筆者認為「行政法人法」在制定時可以納入國會的直接監督範圍，並將其規範在營運管理等事項報告及預（決）算上面，而不插手人事、會計及專業上的節目規劃等。

[註4] 筆者擔任司法及法制委員會召委，於98.12.2於舉辦「行政法人法草案」公聽會時所提意見。

(四)行政院函送「行政法人法草案」之立法經過

行政院草案，經提立法院第 7 屆第 3 會期第 14 次院會（98.5.22）付委，司法及法制委員會於 98 年 11 月 12 日審查，並於同年 12 月 2 日召開公聽會，復於 99 年 5 月 6 日審查完畢，提報院會並決議不需交黨團協商。惟提立法院第 7 屆第 5 會期第 14 次院會（99.5.25）時，民進黨黨團提議交付黨團協商，朝野黨團於 100 年 4 月 8 日完成協商，提經第 7 屆第 7 會期第 8 次院會（100.4.8）完成三讀，總統於 100 年 4 月 27 日公布。

三　行政法人法的立法結果

(一)立法要旨

行政法人法是新制定的法律，全文共分 6 章 42 條，其立法要旨如下：

1. 為落實行政院組織改造效益，加速推動個別行政法人的立法，賦予管理彈性，以提升服務效能。

2. 行政法人為依法律設立的公法人，其監督機關為中央主管機關，所執行之任務，是涉及公權力的行使程度較低者之公共事務。

3. 為健全組織內部的監督機制，應設監事或監事會；並規範董、監事共通性，應予解聘事由之退場機制。

4. 規範業務營運及監督機關權限、人事及現職員工權益保障，可以自行訂定其人事管理規章，其所進用人員不具公務人員身分。財務報表應委請會計師進行查核簽證，經費依法定預算程序辦理，並受立法院監督。

5. 行政法人個別組織法律須送立法院審議，所需經費須列入監督機關年度預算中，立法院審查監督機關之核撥經費預算或討論重大議題時，得邀請其董事長或首長列席備詢。

6. 附帶決議：要求於本法公布施行 3 年內改制行政法人者，以不超過 5 個為原則，各該法人並須於 3 年後評估其績效。

(二)立法成果

為了人事的精簡、法規的鬆綁，及便於聘用一些專業人員，所以要設置行政法人，就像中正文化中心兩廳院一樣，藝術總監不可能去參加國家考試，但是政府要借重他的專才，所以要將這些機關改制為行政法人，才能請他來做事。就像國家同步輻射研究中心一樣，是研究光分子相關問題，這是比較專業的領域，研究人員也不可能去參加國家考試，但是他們是國家頂尖的科學家，政府想要聘請他們為國家服務，所以設置行政法人來聘請他們。或是像考試院國家文官學院的成立，是為了將國家培訓資源的整合，才成立這樣一個特定的單位，未來可以往改制為行政法人的方向，希望在行政院組織改造的若干年以後，再來作個梳理，將適合改制為行政法人的機關改為行政法

人，所有行政機關都應該要作梳理，將來部會可能都會成立行政法人，就像國防部成立中山科學研究院，是行政法人。如同傳統的華人社會，父母養育小孩到成年後，會希望他們可以獨立自主又有經濟能力，不過也會期盼他們經濟獨立時也能回饋父母，報答養育之恩，行政法人就如同政府機關的小孩，幫助他們獨立成長時也會給予經濟支柱，小孩有所成就時，也會將賺來的利潤與父母分享。

當時，不少人反對將中科院行政法人化，認為會有國安的疑慮，擔心國防機密外洩，不過我國中科院有許多優秀的人才，當年雄風三型反艦飛彈還是中科院研發的成果，被稱為「航艦殺手」。雄風三型飛彈屬於掠海攻艦飛彈，它的飛行高度可以低到 10 公尺，在進行終端攻擊時，還可加速到 3 馬赫以上，能夠穿過所有艦船的鋼板，在中科院所有國造飛彈當中，也是屬於最具有攻擊性又最敏捷的武器。研發一展出，引起不少國外的注意，倘若能將中科院法人化，與外界的廠商合作，除了可以研發效能更好的武器，也能賺外快，簡直一舉多得，筆者當然理解當時民進黨反對的聲量，但筆者認為只要拿捏好尺度，民進黨的擔憂根本就不足為患。

筆者在此特別分享一則委員會質詢時，民進黨委員強烈反對中科院改為行政法人的實境，供讀者參考[註5]：

「林委員○○：中科院要行政法人化，晚近十年以來，中科院涉及這麼多軍事機密洩漏的問題，國防部所屬這個最高專業研發的

[註5] 引自立法院公報 第 101 卷 第 45 期 委員會紀錄，頁 11。

單位中科院行政法人化以後，萬一董監事、學者專家是否涉及機密外漏的可能性更高；還有，國防部未來要如何管理，中科院行政法人化以後會否像交通部對中華電信完全沒有控制權，其實中華電信的官股以及所有的董監事都是交通部派的，可是交通部郵電司告訴本席，他們沒有治理權，只有事後的監理權，所有的董監事都是交通部派的，他卻這樣告訴本席。你們現在也是一樣，中科院未來變成 14 到 18 席董監事，未來國防部長能管他們什麼？所以，本席極力反對。這麼重要機密的單位，本席認為，還是要在國防部下轄，現在的機密都洩露這麼多，將來再讓更多學界人士進來，豈不是讓這些機密公開到處流竄嗎？」

行政法人法立法後，截至目前為止，中央機關已成立 6 個行政法人，地方機關也成立 5 個行政法人，如下表：

表 5-1　中央行政法人表

名稱	法源依據	監督機關	成立（改制）時間
國家表演藝術中心 ■ 國家戲劇院 ■ 國家音樂廳 ■ 衛武營國家藝術文化中心 ■ 臺中國家歌劇院 ■ 國家交響樂團	國家表演藝術中心設置條例	文化部	2014. 04. 02
國家災害防救科技中心	國家災害防救科技中心設置條例	科技部	2014. 04. 28
國家中山科學研究院	國家中山科學研究院設置條例	國防部	2014. 05. 14
國家運動訓練中心	國家運動訓練中心設置條例	教育部	2015. 01. 01
國家住宅及都市更新中心	國家住宅及都市更新中心設置條例	內政部	2018. 08. 01
文化內容策進院	文化內容策進院設置條例	文化部	待行政院公告

表 5-2　地方行政法人表

名稱	法源依據	監督機關	成立時間
高雄專業文化機構 美術館、歷史博物館、電影館	高雄市專業文化機構設置自治條例	高雄市政府	105.6.
高雄流行音樂中心	高雄市高雄流行音樂中心設置自治條例	高雄市政府	106.6.
高雄市立圖書館	高雄市圖書館設置自治條例	高雄市政府	106.9.
臺南市美術館	臺南市美術館設置自治條例	臺南市政府	106.2.
臺北流行音樂中心	臺北市臺北流行音樂中心設置自治條例	臺北市政府	108.5.

101.06 呂學樟接見德國駐台副代表古茂和。

100.09.10 呂學樟出席致詞「建國百年，火車環島接力，百年車站巡禮」活動。

99.04.16 呂學樟與新竹縣長邱鏡淳召開「要醫學中心、反防疫中心」記者會。

101.03.22 呂學樟與徐欣瑩立委及新竹縣長邱鏡淳共同舉辦「還我清淨霄溪公聽會」。

98.1.1 呂學樟要求勞委會，衛生署立即提供更人性化的到宅服務評估，
避免家屬與病患奔波，解決原先巴氏量表制度問題。

100.6 接受白玫瑰關懷協會理事長梁毓芳
感謝及邀請擔任白玫瑰運動終身志工。

100.10 會勘新竹內灣線千甲車站。

第六章

結語

－進步效能政府的永續發展建言

一　改造策略與關鍵五法

　　政府改造最重要的目的是在提升國家競爭力、提升行政效能與效率，其方式是組織的瘦身、人事的精簡及法規的鬆綁，具體的策略則是建立改造法制。我國政府改造法制最關鍵的五法是中央行政機關組織基準法、中央政府機關總員額法、行政院組織法、行政院功能業務與組織調整暫行條例及行政法人法。

　　這五法最先完成立法的是中央行政機關組織基準法，於民國 93 年 6 月 11 日即完成三讀，同年 6 月 23 日公布，該法主要目的在建立中央行政機關組織的架構骨幹，是中央行政機關組織改造的母法，但因立法院朝野意見分歧，行政院組織法修法遲至 99 年 1 月 12 日才完成三讀，於同年 2 月 3 日公布，中央政府機關總員額法及行政院功能業務與組織調整暫行條例，是組織改造的重要配套措施，亦於同時間完成立法；另中央行政機關組織基準法，因時空環境已改變，也配合行政院組織法的規模再做適度調整，於同時間完成修法，確認未來行政院設 14 部、8 會、3 獨立機關、1 行、1 院及 2 總處，由現有 37 個部會精簡成 29 個機關，而且在筆者的堅持下，更創設了「科技部」，負責國家科技政策的統合規劃與研發，將有助於擁有科技園區的新竹市未來科技城的發展。

　　總員額方面，中央政府機關組織員額採總量管制，總員額上限從當時的 19 萬 200 人，減為 17 萬 3 千人，行政院人事主管機關每 4 年應檢討分析中央政府總員額狀況，釐定合理精簡員額數，於總預算案中向立法院提出報告，且通過附帶決議：「總員額未來應於 5 年內降為 16 萬人」。

　　最後一個組織改造法案是行政法人法，主要目的為建構合理的政府職能及組織規模、鬆綁政府法規，以提升政府效能，該法於 100 年 4 月 8 日完成三讀，同年 4 月 27 日公布。整個中央政府組織改造法制至此全部完備，行政院爰決定政府改造工程於 101 年 1 月 1 日正式啟動，完成了過去 23 年都無法完成的不可能任務，為政府組織改造奠定了一個重要的里程碑。

※ 筆者在此特別分享一個組改法制能順利通過的秘辛：記得組織改造前 4 種法律中，基準法、總員額法及暫行條例均已送出委員會，最後 98 年 12 月 14 日委員會審查最艱難的行政院組織法時，我們準備當天審畢送出委員會，但在野民進黨委員不斷發言阻擾，我們只好提出停止討論動議，用表決的方式，強制停止討論，將法案通過送出委員會。好不容易 4 個法案都順利送出委員會，第七屆第四會期已近尾聲，眼看朝野黨團協商如果不成，有一個月冷凍期，如果這屆沒完成三讀，依「屆期不連續」規定，全部法案都將被廢棄重來，則政府組織改造將會遙遙無期。筆者，當時擔任執政國民黨黨團書記長，民進黨總召是蔡同榮，政策會執行長是柯建銘，蔡想出國看望孫子，不希望開臨時會；又聽聞民進黨蔡主席不希望產業創新條例通過，於是急中生智，私下找老柯談，看這會期是要總預算案綁政府改造案，還是要總預算案綁產業創新條例？果然不出所料，老柯選綁政府改造案，因為這個議事策略與技巧的運用，才讓 4 個政府改造法案能在 99 年 1 月 12 日立法院第 7 屆第 4 會期第 17 次延會會議，完成朝野黨團協商，並順利表決完成三讀，同年 2 月 3 日公布。讓政府組織改造基礎法制順利通過，真是一個又緊張又刺激的奇幻之旅啊！

就在我們組織改造法案完成立法當年，也就是民國 99 年（2010 年），瑞士洛桑管理學院（IMD）公布的「世界競爭力年報」中，我國競爭力排名，從前 1 年的 23 名躍升到全球第 8 名，次年 100 年（2011 年）再進步為第 6 名，創歷史的新高。若是在人口 2 千萬以上的國家或地區的話，我國的排名是全世界第 2，僅次於美國，可見政府組織改造的明顯成效！

二　組織改造與文官興革

(一)組織改造與文官改革相輔相成

現代政府已趨向將「大政府」轉為「精簡政府」，由「政府萬能」轉變為「政府授能」。1980 年代以來，「大政府」的角色形成政府行政發展的包袱。何謂大政府？行政權擴張（逐漸侵犯人民私領域）、人事支出增加（造成政府預算負擔）、政府組織龐大（疊床架屋、導致行政效能低落）等。「大政府」雖可「大有為」，但既掌舵又操槳，完全不符合專業分工的企業化理念。大政府換一個角度來看，就是「政府萬能」，因為政府夠大，所以什麼事都能作，這在以往工業化時代是必須的；但隨著高科技時代的來臨，政府管的越多，對百姓負擔亦隨之增加，人民所期待「政府有能」的含意不再是「萬能」，而是「授能」，也就是政府精簡後不再事事都管。「僅在該管轄的職權範圍內具有效能，藉著強化政府機關的授能與分權管理，促使各級組織及其公務員能發揮最大的效能，提高服務品質」。簡

言之，政府要扮演好一個「掌舵者」的角色，主事「政策導向」，而不再事事操槳！

　　組織改造與文官制度改革雖然是兩件事情，但卻是整體政府改造的一體兩面。政府進行組織改造的意義在於提升政府效能與效率，所以除了組織架構的重新調整之外，文官制度的改革也是重要的一環。具體而言，就是透過文官制度興革，以提升公務部門人力資源，也就是公務人員的效率與服務品質的提升，如果只有組織調整、人事精簡，而沒有文官制度的改革配套，相信只是提升一部份效能而不是全部。

　　公務機關裡面最主要的核心，就是文官，就是公務人員，一個現代化文明國家，必須要有一支高效率、高品質的文官隊伍。不管政黨如何輪替，文官永遠是國家運作的基礎，也只有文官精實國家才會強盛。

　　相信絕大多數的公務員都是競競業業，奉公守法的人，或許是公務體系的環境與風氣，造成大家對於公務人員的誤解，而形塑成某些不良的風氣，因而造成公務人員的績效，甚至競爭力下滑；這樣的情形使得政府的效率和效能無法提升，歸根究底也是我們既有的制度所導致。相信能通過國家考試的人才，絕大部分都是社會上優秀的中堅份子，但為何進入公務體系之後，會讓人感覺失去積極任事、意志消沉、失去競爭力呢？所以我們必須要改革，藉由文官制度的興革，提供激勵的誘因，設計警惕的機制，以期收提升效率，獎優汰劣之效，建立一套公正、透明且可長可久的制度，讓組織改造與文官改革能相輔相成，真正達到提升國家競爭力的目標。

當然，絕對不能因為民氣可用，就盲目的改革，改革方向是對的，但是要用對方法，不然就是間接造成階級鬥爭、對立，傷害整個社會的和諧。但是改革也是要有實際成效，不然又會被大眾說成是低標改革，徒具形式，所以改革必須要合乎情理，同時法律上一定要給公務人員最大的保障。

當時考試院提出一系列文官制度的改革方案，配合政府組織改造，包括「公務人員退休法」、「公務人員撫卹法」、「公務人員升遷法」、「公務人員考績法」及「公務人員基準法」等相關法案，當然這些法案都和公務人員的權益息息相關，都是所有公務人員所關心的。以下筆者將針對「考績法」及「退休法」，來作重點的說明與意見交換。

(二)公務員績效與提升政府競爭力

公務人員的工作績效良否，影響政府的效率與效能甚巨，而公務人員考績法是評量公務人員績效的主要法制。關於「考績法」的修法問題，筆者認為，考績法修正是在激勵，不在淘汰。考績制度的設計與其核心理念，就是要落實人事管理中的功績原則，有表現才給予額外的獎勵，表現不好則給予輔導、訓練等改善措施，而在一切作為都用盡，仍無法改善的時候才會使其去職；這樣的作為是在促使公務體系的競爭力提升，而不是在為難公務人員。當然有所謂的淘汰制度，部份公務人員會反彈，但相信對於大多數辛勤工作的公務人員，是一種正向的鼓勵。

年檢討調整，還要送立法院備查，如此一來將可大大降低設置百分比的衝擊，也較有彈性。

(三)年金改革應改革基金績效 而非拿軍公教年金開刀

民國105年民進黨蔡英文政府一上台就高舉改革旗幟，拿公教人員開刀大砍退休金，而改革除了砍軍公教的退休金，為什麼不從自身做起，以身作則，政府難道本身沒有需要改革的部分嗎？政府的基金操作更需要通盤檢討來改革，年金改革應該是想辦法把餅做大才對，尤其是要提高基金的運用績效，基金績效提高1％將延長4到5年的基金壽命，因此修法及設法提高基金運用績效相當重要。但是我們看到執政黨在這方面完全沒有著墨，只是一味的對於軍公教做抹黑，鬥爭，挑起社會分裂與對立。

美國加州公務人員退休基金（CalPERS）從1998年到2016年的年均報酬率高達8.3％；更不用說新加坡主權基金淡馬錫控股公司，在金融海嘯前平均每年都可以維持18％的投資報酬率，既使在金融海嘯過後，5年期及10年期平均投資報酬率也有高達7％及9％，30年平均更高達15％。但是我們的退撫基金操作，為什麼無法做到？這難道不需要改革嗎？

主權基金，是「主權財富基金（Sovereign Wealth Fund）」的簡稱，由國家政府成立，主要是將國家出口商品或服務所得的收入再投資，為國家創富，通常著眼中長期投資，而資金來源，主要包括外匯儲備、財政盈餘、資源出口盈餘等。新加坡政府投資公司（Government of Singapore Investment Corporation，簡稱 GIC），是全世界規模最大的主權基金之一；2018 年 2 月，GIC 管理的基金規模為 3,590 億美元左右，排名世界第 8。反觀我國，截至 2018 年 3 月各退撫基金運用規模，公務人員 3,569 億元、教育人員 2,042 億元、軍職人員 284 億元、公務人員保險基金 2,947 億元；勞工退休基金規模，新制 2 兆 2,614 億元、舊制 9,357 億元、勞工保險基金 7,198 億、國民年金基金 3,272 億元；而私校退撫基金截至 107 年 12 月，計有 29 億 3 千 5 百萬元，總共 5 兆 1 千多億元。有近數十兆新臺幣的閒置資金，為數不少的外匯存底及退休基金；若能藉由國家主權基金的設置，即可擴大投資資金來源，投資標的則可放眼全世界，並招攬全球頂尖的專業投資高手，不僅可活用閒置資金，尚有擴大獲利規模，提升國家整體競爭力！

基金管理績效的問題，雖然退撫基金 20 年來的績效平均維持在 2.76%，但相較於其他國家基金的營運績效來看，我國確實仍有很大的成長空間。是否更應該透過基金管理法人化或公司化的方向來研議，以提高基金營運績效，增加投資盈餘，並能解決年金缺口的問題。所以，改革應該從政府率先做起，而不是拿軍公教開刀。

因此，筆者提出幾個具體改革基金績效作法：

第一層面，改革退撫基金管理委員會的定位。目前我國退撫基金的管理，是依據「公務人員退休撫卹基金管理條例」及「公務人員退休撫卹基金管理委員會組織條例」而來。再來修正「公務人員退休撫卹基金管理委員會組織條例」，將隸屬於銓敘部，並由銓敘部長兼任主任委員及其他公務員擔任之機關，改為行政法人，以放寬基金管理委員會之人員聘用，跳脫

公務人員人才進用的窠臼，及改善由政府或政務官控制之配合政策護盤之狀況，成立專業獨立的管理法人機構，投資理念、監督，避免道德風險問題。若改制為行政法人，其優越面在於：

1. 組織行政上可以跳脫官方框架式的組織運作，在組織行政上更可以因應社會發展的趨勢，隨著環境做調整。跳脫一般行政機關的管理模式，在可能的範圍，盡量提供退休基金管理機構足夠的人力，以創造更好的投資績效。

2. 在人事上，將更有彈性的聘用專業人才，不受公務機關經考試用人的限制，可招募民間優秀人才，也可向國際上的專家學者徵召。

3. 在經費上也將更有彈性，引進民間、企業等的合作，加上自主營收的財源，不再全部依賴政府財政支出，減少政府財政負擔。

4. 以績效為導向，將更有效率的聘用專業財經專業人才，經營基金及管理，方能提高基金獲利。

第二層面，研修「公務人員退休撫卹基金管理條例」提高經營績效。放寬基金投資項目，增加獲利空間。建議可以有兩項，一為衍生性金融商品，二為另類投資工具。前者必須要以避險為目的，可以集中在匯率風險與股票風險兩個部份。就匯率風險而言，由於退休基金海外投資部位日趨龐大，因此有避險需求；而股票風險方面，可以放寬全權委託使用衍生性金融商品的時機。若放寬以避險為目的之衍生性金融商品，亦有可能創造更高的報酬。至於另類投資工具，包括避險基金、私募股權、

房地產及碳交易與藝術投資等。股票與債券投資報酬率持續下滑時，則可選擇另類投資以規避市場風險，獲取投資報酬。

另外，保證基金一定期限內最低績效入法（3年或5年平均），一定期間內檢討一次，以保障退撫基金收益，虧損部分董事長、執行長及相關負責營運之人員必須負一定責任（減薪或是其他），未達一定績效標準，一定比例短差部分由政府編列預算補足。就長期而言，可以學習國外經驗，跳脫公務部門敘薪與用人模式，另立獎勵或分紅機制，以鼓勵基金經營績效。

我國各種退撫基金資產相當龐大，目前已達5兆多億新臺幣，若能善加利用資金，除了創造更好的基金效益，也可以協助國家發展，開源更甚於節流，導正錯誤的年金改革方向。

(四)E化政府也是組織改造的一環

政府組織疊床架屋的結果，就是導致政府組織架構臃腫不紮實，服務民眾的點雖有許多，卻層層卡關，沒有整合。政府E化其實本身就是政府組織改造的一環，利用虛擬的方式將能在網路上運作的政府機關服務功能，先整合在政府服務平台上，透過網路整合技術，提供民眾即時的資訊與效率化的公務服務環境。近幾年在行政院國發會這邊的規劃與推動下，臺灣政府E化的程度相當高，甚至美國布朗大學的研究報告，都好幾年將臺灣政府電子化評為世界198個國家的第一名，可見臺灣政府E化程度之深，幾乎政府從中央到地方，各單位都有E化的平台，所以政府改造起來，從硬體的整合到軟體的改寫，甚至網頁的改版，處理起來都相當繁複，當然筆者不是電腦資

訊方面的專家，但是光想也知道，隨著政府組織改造，單位的整併、裁撤，人員的移撥，相關 E 化平台及雲端運算應該不是只有電腦移撥、程式改寫、網頁改版這麼簡單，最主要應該還是各單位間的系統整合，及統一的雲端服務。

　　隨著組織改造相關法案的陸續通過，實體的政府組織改造將在民國 101 年陸續啟動，然而原本走在政府組織改造前端的 E 化政府服務平台及雲端運算，卻好像顯得落後於實體政府的組織改造。目前雖分為 101 至 105 年的第四階段電子化政府計畫，但看 101 年國發會前身研考會在資通建設預算僅編列 4 億元而已，在政府施政計畫雲端服務發展方面僅編列 5 百萬元，而電子化政府基礎建設雲端服務發展僅編列 2 億 2 千 1 百萬元，在政府資訊服務改造編列 4 千萬元，關於政府雲端運算的改造，軟硬體整併的部分，佔預算數約 66.5％左右，這是外觀上勉強扯上關係的。實際上推動內容是不是有關於政府雲端運算，就不得而知，光從預算上，仍然看不出來整個具體的 E 化政府組織改造及雲端運算推動的成果。

　　筆者認為，E 政府改造及雲端運算應具體規劃出改造時程，如同實體的政府組織改造，訂出具體的改造時程及相關的準備工作進度。E 化政府及雲端運算除了民國 101 年至 105 年的階段計畫外，是不是同樣的也應訂出具體時程及進度，同時在推動的過程中也應注意過度時期的接軌，不能因改造而造成整個 E 政府當機停擺。另外在預算編列及採購招標過程中應該透明化，避免技術性壟斷、綁標的情況發生，儘速規劃推動，並期能無縫接軌，讓這原本最具效能的 E 政府可以儘速趕上改造進度，服務民眾。

三　問題檢討與當前困境

俗云：「徒法不足以自行」，政府組織改造法案在我們努力的推動下，雖已建立完備法制，開花結果，但 106 年 5 月政黨輪替後，經過這幾年的改變，很可惜現在的執政黨蔡政府只會享受成果並沒有很用心的執行與規劃，以致行政院組織法通過以後到目前為止，還有 6 個部會尚未完成修法改制程序，如下圖所示：

行政院組織法架構-由37部會精簡至29個

14 部	8 會	2總處 1行 1院
內政部	國家發展委員會	行政院主計總處
外交部	大陸委員會（已送法案）	行政院人事行政總處
國防部	金融監督管理委員會	中央銀行
財政部	海洋委員會	國立故宮博物院
教育部	僑務委員會	
法務部	國軍退除役官兵輔導委員會	**3獨立機關**
經濟及能源部	原住民族委員會	中央選舉委員會
交通及建設部	客家委員會	公平交易委員會
勞動部		國家通訊傳播委員會
農業部		
衛生福利部		
環境資源部	◎紅字為尚未完成立法的部會	
文化部		
科技部		行政院人事行政總處 Directorate-General of Personnel Administration, Executive Yuan

圖 6-1　行政院組織法架構

　　非但如此，蔡政府還在現有的組改政府裡因人設事，用酬庸的方式蓋了很多的違章建築，例如總統府在北中南東這些地方成立了總統府辦公室，作為高官的酬庸，這是一件很奇怪的事，另外組設黨產委員會、促轉會，這些都不是中央行政機關組織基準法裡的二級機關，明明行政院組織法裡面並沒有這些機關，怎會突然間冒出來這麼多的機關？顯然違反了組織基準法的規範，所以讓我們感覺到非常的遺憾！據統計，政黨輪替後，蔡政府成立了許多任務編組，包括：1.總統府新南向政策辦公室、2.總統府國家年金改革委員會、3.總統府原住民族歷史正義與轉型正義委員會、4.總統府司法改革國是會議籌備委員會、5.行政院長期照顧推動小組、6.行政院能源及減碳辦公室、7.行政院人權保障推動小組、8.行政院年金改革辦公室、9.行政院體育運動發展委員會、10.行政院文化會報、11.行政院青年諮詢委員會、12.打擊非法與未報告及不受規範漁業專案小組等，加上現行的南部、中部、東部及雲嘉南聯合服務中心等常設性任務編組及其他以前就成立的臨時性任務編組，甚至最近還增設了行政院副發言人一職，林林總總加加起來共有68個（總統府6個，其中4個民進黨執政成立＋行政院下6個常設＋56個臨時＝68）。這些令人眼花撩亂任務編組功能業務幾乎雷同，還開外掛以任務編組來做為任務編組的幕僚單位，根本疊床架屋，其功能性與必要性實在讓人質疑，這些附隨組織行政院每年要編列1.93億元的預算，來養這些單位及人員。參見下圖頻果日報報導：

新增68個任務編組！組織改造？亂造？

520後府院新增的任務編組
資料來源：立法院預算中心

	成立日期	現行委員人數	明年度預算
總統府國家年金改革委員會	06/08	38人	50萬元
總統府原住民族歷史正義與轉型正義委員會	尚未正式成立	29~31人	280萬元
總統府司法改革國是會議籌備委員會	尚未正式成立	15~21人	50萬元
總統府新南向政策辦公室	05/20	視需要邀請	205萬7000元
行政院青年諮詢委員會	籌組中	25~30人	未提供
行政院文化會報	07/05	19~25人	26萬元
行政院長期照顧推動小組	05/31	25人	未提供
行政院能源及減碳辦公室	06/07	22人	未提供
行政院年金改革辦公室	06/08	無	1117萬元
行政院體育運動發展委員會	07/12	25人	16萬5000元
打擊非法與未報告及不受規範漁業專案小組	07/19	10人	未提供

註：統計到今年7月底止

※資料來源：105年9月18日蘋果日報

圖 6-2　蔡政府新增 68 個任務編組

　　依據組織基準法第 28 條規定：「機關得視業務需要設任
務編組，所需人員，應由相關機關人員派充或兼任」，而當初
的立法理由是：「機關為辦理諮詢、研究、協調、溝通及籌備
等工作，得以任務編組型態設置臨時性單位」，因此任務結束
後本應裁撤掉，可是其中有些任務編組，一編就是十幾二十年，
還變成常設性任務編組，都已是違法的黑機關了，仍不願檢討
裁撤。

　　其中行政院副發言人又不知是根據什麼法規設置？根據行政院組織法第 12 條第 2 項規定：「行政院置發言人一人，特任，處理新聞發布及聯繫事項，得由政務職務人員兼任之」；行政院處務規程第 5 條規定：「發言人處理新聞發布、聯繫及辦理院長交辦本院整體文宣協調、督導事項」，所以行政院的發言人是依法設置的，而且只能有 1 個人，與其他部會或機關單位的發言人不一樣，怎麼可以自己創設，然後佔個參議職缺，就來做副發言人的事，甚至對外代表行政院發言，這是違法的黑官，難道不應該裁撤掉嗎？另外蔡政府除了大量增加二級機關政務副首長之外，連三級機關首長也要染指，改以政務職來任用，致使文官體制崩解。文官制度是國家機器運作的基石，公務人員的工作態度與士氣，也關係著政府服務的效率與效能，所以不管是年金改革、還是政府組織改造，都必須要顧及公務人員的感受，而文官中立更是在避免公務人員發生介入政爭、黨政掛勾、利益輸送、以私害公情事，進而保障事務官的永業性、國家政局的穩定性及政策執行的連貫性。現在蔡政府不但不組織改造，更打算破壞國家的文官體制，要將三級機關首長改以政務職來任用！三級機關的局幾乎都是執行機關，只有部分性質特殊的署具有政策規劃的功能，但政策的制定與規劃基本上都還是在二級機關的部、會，把三級機關首長改以政務職來任用，不但破壞執行機關的文官中立性、機關的業務及人事穩定，更影響文官升遷、打擊公務人員士氣，三級機關更可能淪為政治酬庸的工具，也容易形成外行領導內行的狀況。

　　據媒體報導，政黨輪替包括各部會政務官、政務任命的特任官、外交官等，還有機要職人員，更有國營事業的董事長、總經理等，最少有 6,000 個職位給執政黨更替，現在不夠，還

要染指三級機關首長？目前考試院設有國家文官學院，推動高階文官培訓制度，已經足夠提升具實務經驗的高階公務人員的能力與效益，專業及實務能力都強，更熟悉機關內部業務及文化，根本不必再從外部引進政務人才，不然國家花這麼多錢將文官栽培至高階文官，然後又不給予發揮的升遷管道，難道都要浪費掉嗎？筆者希望蔡政府能夠尊重常任文官、尊重文官體制及文官中立，組織改造不要變成組織亂造，讓文官體制崩解，更打擊文官士氣！

　　由於蔡政府不用心在政府改造，雖然民進黨已經完全執政了，但並沒有提升行政效能，也沒提升國家的競爭力，反而造成兩岸關係很緊張，以致近期 IMD 國家競爭力評比節節落後，整個排序今（108）年雖稍提升了 1 名，但是由 17 名變成 16 名，即沾沾自喜。我們在 100 年（2011 年）組改法制完成時，我國排名是第 6 名，若是在人口 2 千萬以上的國家，我國的排名是全世界第 2，我們組改的目的從這邊就可彰顯出來。現在不但效能不提升，反而一直落後；自己故步自封，又亂搭違章建築，這就是不尊重政府體制的最大困境。

四　政府永續發展之建言

　　政府組織改造的巨大工程，已經上路了，完成後有無達到我們預期的目標－就是提升國家競爭力、提升行政效能？並非我們說的算，一定要由國際的評等機構，如瑞士洛桑管理學院（IMD），瑞士世界經濟論壇 (WEF) 等國際評等機構來做評比，

IMD 及 WEF 各有其評比項目[註]。原則上，我們這次組改都有朝這樣的方向規劃，所以，國家競爭力即能快速提升而受到國際重視。筆者認為，未來政府除了應加速完成 6 個二級機關未完成的組改，以及馬上檢討拆除機關組織上諸多違章建築，以提升國家競爭力、提升行政效能外，我們必須進一步思考，除政府組織改造外，有沒有更好的方式，可以讓行政效能的提升產生立竿見影的效果？

其實方法是有的，筆者提出兩個未來政府努力的方向：

其一是簡化政府機關的行政程序，具體的策略有：1. 做好中央與地方分權，該由地方政府決行的，就應該授權地方政府來決行，該由中央政府來決行的，就由中央來決行，亦即誰決行就誰負責，現在所有的政府都是朝向小而能的政府及效率的政府發展，做好分權，對行政效能的提升，一定會有所助益。2. 政府機關行政程序應朝向一條龍的單一窗口方向來進行，如果我們申請一個投資案還要蓋一百多個章，或故意去卡關，政府的效能就不可能提升。這也難怪，無論 IMD 或 WEF 評比，

[註]　瑞士洛桑管理學院 (IMD) 每年 5-6 月間公布「世界競爭力年報」，針對 63 個國家、2 百餘項統計及調查指標進行世界競爭力評比排名，評比內容涵蓋經濟表現、政府效能、企業效能、基礎建設等四大面向，為產、官、學界做決策時重要的參考資料。
　　瑞士世界經濟論壇 (WEF) 每年 10 月間公布「全球競爭力報告」，針對約 140 個國家、1 百餘項統計及調查指標進行全球競爭力評比排名，評比內容涵蓋「環境便利性」、「人力資本」、「市場」及「創新生態體系」等 4 大類。由於全球競爭力評比反映各國的經濟實力與繁榮程度，頗受各界重視。

我們政府的效能部分都是最差的一項，都在 40 幾還是 50 幾左右，這是一件很奇怪的事情。所以筆者建議，將來政府提升行政效能要有立竿見影之效，就是我們的行政程序必須要簡化，也就是政府心中要有人民，要處處為人民設想，不但不可故意擾民，還要儘量便民，所以行政程序的簡化，必有立竿見影之效。3. 強化政府機關 E 化平台的功能，也有助於行政效能的提升，我國政府 E 化的程度相當高，甚至美國布朗大學的研究報告，都好幾年將臺灣政府電子化評為世界 198 個國家的第 1 名，可見臺灣政府 E 化程度之深，幾乎政府從中央到地方，各單位都有 E 化的平台，如果能將此 E 化的平台加以強化，加速政府組織改造腳步並規劃簡化行政程序又便民的服務平台，必能提高政府行政效能。

其二是要繼續檢討政府機關組織功能，將政府機關組織瘦身改制為行政法人，來提升政府的效率與效能。例如將非屬政策規劃制定的三級訓練機關，如國家文官學院及各部會所屬訓練機關改制為行政法人訓練機構，引進企業經營精神，使訓練業務之推行更具專業及效能，擺脫行政機關人事、會計等制度之束縛，使達成提高訓練成效的目標；又如可考慮將各部會所屬辦理軍公教人員及勞工退休基金等管理運用的三級機關，改制為行政法人機構，檢討修正基金管理運用辦法，鬆綁政府機關相關法規，引進企業經營精神，延攬投資高手，達成提高退休基金投資運用績效的目標。

　　最後，也是最重要的是執政者的心態問題，政府是人民的公僕，應該是來服務人民的，不是來管理人民的，所以政府機關公務人員要先將心理建設做好，要想方設法服務人民、方便人民，心中要有人民，一切施政以人民為念，才會主動檢討簡化行政程序來便民、主動鬆綁法規進行組織瘦身來提升行政效率及效能，為人民謀福祉。如果執政者的心態只想到個人的利益、執政黨的利益，所有作為都想著貪污、舞弊、酬庸、賣官、整肅異己及鞏固自己的政治地位，則再健全的組織法制、再好的公務人員，終將一事無成，所謂：「態度決定高度」，這種執政黨終將被人民唾棄。

　　至此，筆者得到一個結論是，執政者首先要有一顆勤政愛民以及誠信的心，在既有的政府改造法制基礎下，不斷檢討精進，將組織瘦身、人事精簡及法規鬆綁，使成為「小而能」、「小而美」的政府，而且要主動簡化行政程序來便民，務期提升國家競爭力、提升行政效率與效能，也就是達到政府改造的最重要目的，這才是一個真正受人民愛戴的負責任政府。

100 年呂學樟主持立法院司法及法制
委員會開會。

呂學樟主持客屬總會新竹分會第八屆
第三次會員大會。

99 年呂學樟主持重陽節孝親敬老聯誼活動。

100.5 憲兵訓練成果展。

100.5 行政院研究發展考核委員會跨越 41 創新啟動：整合服務效能躍升記者會。

呂學樟主持新竹市教師會第六屆第一次會員代表大會暨第六屆 SUPER 教師頒獎典禮。

104.6.30 呂學樟在立法院召開捍衛新竹米粉百年傳產記者會，
讓新竹的驕傲－新竹米粉這個意象品牌得以繼續傳承延續。

100.6 拜會外交部部長楊進添。左起：楊元勛、呂學樟、楊進添、
前新竹市長許明財。

附錄一　五法條文

一、中央行政機關組織基準法修正條文

中華民國 99 年 1 月 12 日修正
中華民國 99 年 2 月 3 日公布

第 1 章　總則

第 1 條　為建立中央行政機關組織共同規範，提升施政效能，特制定本法。

第 2 條

修正後條文（99/01/12）	原條文（97/06/12）
本法適用於行政院及其所屬各級機關（以下簡稱機關）。但國防組織、外交駐外機構、警察機關組織、檢察機關、調查機關及海岸巡防機關組織法律另有規定者，從其規定。 行政院為一級機關，其所屬各級機關依層級為二級機關、三級機關、四級機關。但得依業務繁簡、組織規模定其層級，明定隸屬指揮監督關係，不必逐級設立。	本法適用於行政院及其所屬各級機關（以下簡稱機關）。但國防組織、警察機關組織、檢察機關及調查機關組織法律另有規定者，從其規定。 行政院為一級機關，其所屬各級機關依層級為二級機關、三級機關、四級機關。

第 3 條

修正後條文（99/01/12）	原條文（97/06/12）
本法用詞定義如下：	本法用詞定義如下：
一、機關：就法定事務，有決定並表示國家意思於外部，而依組織法律或命令（以下簡稱組織法規）設立，行使公權力之組織。	一、機關：就法定事務，有決定並表示國家意思於外部，而依組織法律或命令（以下簡稱組織法規）設立，行使公權力之組織。
二、獨立機關：指依據法律獨立行使職權，自主運作，除法律另有規定外，不受其他機關指揮監督之合議制機關。	二、獨立機關：指依據法律獨立行使職權，自主運作，除法律另有規定外，不受其他機關指揮監督之合議制機關。
三、機構：機關依組織法規將其部分權限及職掌劃出，以達成其設立目的之組織。	三、附屬機關：指為處理技術性或專門性業務之需要，劃出部分權限及職掌，另成立隸屬之專責機關。
四、單位：基於組織之業務分工，於機關內部設立之組織。	四、單位：基於組織之業務分工，於機關內部設立之組織。

第 4 條　下列機關之組織以法律定之，其餘機關之組織以命令定之：

一、一級機關、二級機關及三級機關。

二、獨立機關。

前項以命令設立之機關，其設立、調整及裁撤，於命令發布時，應即送立法院。

第 2 章　機關組織法規及名稱

第 5 條　機關組織以法律定之者，其組織法律定名為法。但業務相同而轄區不同或權限相同而管轄事務不同之機關，其共同適用之組織法律定名為通則。

機關組織以命令定之者，其組織命令定名為規程。但業務相同而轄區不同或權限相同而管轄事務不同之機關，其共同適用之組織命令定名為準則。

本法施行後，除本法及各機關組織法規外，不得以作用法或其他法規規定機關之組織。

第 6 條　行政機關名稱定名如下：

一、院：一級機關用之。

二、部：二級機關用之。

三、委員會：二級機關或獨立機關用之。

四、署、局：三級機關用之。

五、分署、分局：四級機關用之。

機關因性質特殊，得另定名稱。

第 7 條

修正後條文（99/01/12）	原條文（97/06/12）
機關組織法規，其內容應包括下列事項： 一、機關名稱。 二、機關設立依據或目的。 三、機關隸屬關係。 四、機關權限及職掌。 五、機關首長、副首長之職稱、官職等及員額。 六、機關置政務職務者，其職稱、官職等及員額。 七、機關置幕僚長者，其職稱、官職等。 八、機關依職掌設<u>有次級機關者</u>，其名稱。 九、機關有存續期限者，其期限。 十、屬獨立機關<u>者</u>，其合議之<u>議決範圍</u>、議事程序及決議方法。	機關組織法規，其內容應包括下列事項： 一、機關名稱。 二、機關設立依據或目的。 三、機關隸屬關係。 四、機關權限及職掌。 五、機關首長、副首長之職稱、官職等及員額。 六、機關置政務職務者，其職稱、官職等及員額。 七、機關置幕僚長者，其職稱、官職等。 八、機關依職掌有設置附屬機關者，其名稱。 九、機關有存續期限者，其期限。 十、如屬獨立機關，其合議之議事程序及決議方法。

第 8 條 機關組織以法律制定者，其內部單位之分工職掌，以處務規程定之；機關組織以命令定之者，其內部單位之分工職掌，以辦事細則定之。

各機關為分層負責，逐級授權，得就授權範圍訂定分層負責明細表。

第 3 章　機關設立、調整及裁撤

第 9 條 有下列各款情形之一者，不得設立機關：

一、業務與現有機關職掌重疊者。

二、業務可由現有機關調整辦理者。

三、業務性質由民間辦理較適宜者。

第 10 條 機關及其內部單位具有下列各款情形之一者，應予調整或裁撤：

一、階段性任務已完成或政策已改變者。

二、業務或功能明顯萎縮或重疊者。

三、管轄區域調整裁併者。

四、職掌應以委託或委任方式辦理較符經濟效益者。

五、經專案評估績效不佳應予裁併者。

六、業務調整或移撥至其他機關或單位者。

第 11 條 機關組織依本法規定以法律定之者，其設立依下列程序辦理：

一、一級機關：逕行提案送請立法院審議。

二、二級機關、三級機關、獨立機關：由其上級機關或上級指定之機關擬案，報請一級機關轉請立法院審議。

機關之調整或裁撤由本機關或上級機關擬案，循前項程序辦理。

第 12 條 機關組織依本法規定以命令定之者，其設立、調整及裁撤依下列程序辦理：

一、機關之設立或裁撤：由上級機關或上級機關指定之機關擬案，報請一級機關核定。

二、機關之調整：由本機關擬案，報請上級機關核轉一級機關核定。

第 13 條 一級機關應定期辦理組織評鑑，作為機關設立、調整或裁撤之依據。

第 4 章　機關權限、職掌及重要職務設置

第 14 條　上級機關對所隸屬機關依法規行使指揮監督權。

不相隸屬機關之指揮監督，應以法規有明文規定者為限。

第 15 條　二級機關及三級機關於其組織法律規定之權限、職掌範圍內，基於管轄區域及基層服務需要，得設地方分支機關。

第 16 條

修正後條文（99/01/12）	原條文（97/06/12）
機關於其組織法規規定之權限、職掌範圍內，得設附屬之實（試）驗、檢驗、研究、文教、醫療、社福、矯正、收容、訓練等機構。前項機構之組織，準用本法之規定。	機關於其組織法規規定之權限、職掌範圍內，得設實（試）驗、檢驗、研究、文教、醫療、矯正、收容、訓練等附屬機構。前項附屬機構之組織，準用本法之規定。

第 17 條　機關首長綜理本機關事務，對外代表本機關，並指揮監督所屬機關及人員。

第 18 條　首長制機關之首長稱長或主任委員，合議制機關之首長稱主任委員。但機關性質特殊者，其首長職稱得另定之。

一級、二級機關首長列政務職務；三級機關首長除性質特殊且法律有規定得列政務職務外，其餘應為常務職務；四級機關首長列常務職務。

機關首長除因性質特殊法規另有規定者外，應為專任。

第 19 條　一級機關置副首長一人，列政務職務。

二級機關得置副首長一人至三人，其中一人應列常任職務，其餘列政務職務。

三級機關以下得置副首長一人或二人，均列常任職務。

第 20 條

修正後條文（99/01/12）	原條文（97/06/12）
一級機關置幕僚長，稱秘書長，列政務職務；二級以下機關得視需要，置主任秘書或秘書，綜合處理幕僚事務。 一級機關得視需要置副幕僚長一人至三人，稱副秘書長；其中一人或二人得列政務職務，至少一人應列常任職務。	一級機關置幕僚長，稱秘書長，列政務職務；二級以下機關得視需要，置主任秘書或秘書，綜合處理幕僚事務。 一級機關得視需要置副幕僚長一人或二人，稱副秘書長；置二人者，其中一人得列政務職務。

第 21 條

修正後條文（99/01/12）	原條文（97/06/12）
獨立機關合議制之成員，均應明定其任職期限、任命程序、停職、免職之規定及程序。但相當二級機關之獨立機關，其合議制成員中屬專任者，應先經立法院同意後任命之；其他獨立機關合議制成員由一級機關首長任命之。 一級機關首長為前項任命時，應指定成員中之一人為首長，一人為副首長。 第一項合議制之成員，除有特殊需要外，其人數以五人至十一人為原則，具有同一黨籍者不得超過一定比例。	獨立機關之首長、副首長及其合議制之成員，均應明定其任職期限及任命程序；相當二級機關者，由一級機關首長提名經立法院同意後任命之；其他機關由一級機關首長任命之。 前項合議制之成員，除有特殊需要外，其人數以五人至七人為原則，具有同一黨籍者不得超過一定比例，並應為專任。

第五章　內部單位

第 22 條 機關內部單位應依職能類同、業務均衡、權責分明、管理經濟、整體配合及規模適中等原則設立或調整之。

第 23 條 機關內部單位分類如下：
一、業務單位：係指執行本機關職掌事項之單位。
二、輔助單位：係指辦理秘書、總務、人事、主計、研考、資訊、法制、政風、公關等支援服務事項之單位。

第 24 條 政府機關內部單位之名稱，除職掌範圍為特定區者得以地區命名外，餘均應依其職掌內容定之。

第 25 條

修正後條文（99/01/12）	原條文（97/06/12）
機關之內部單位層級分為一級、二級，得定名如下： 一、一級內部單位： (一)處：一級機關、相當二級機關之獨立機關及二級機關委員會之業務單位用之。 (二)司：二級機關部之業務單位用之。 (三)組：三級機關業務單位用之。 (四)科：四級機關業務單位用之。 (五)處、室：各級機關輔助單位用之。	機關之內部單位層級分為一級、二級，得定名如下： 一、一級內部單位： (一)處：一級機關、相當二級機關之獨立機關及二級機關委員會之業務單位用之。 (二)司：二級機關部之業務單位用之。 (三)組：三級機關業務單位用之。 (四)課：四級機關業務單位用之。 (五)處、室：各級機關輔助單位用之。

修正後條文（99/01/12）	原條文（97/06/12）
二、二級內部單位：科。 機關內部單位層級之設立，得因機關性質及業務需求彈性調整，不必逐級設立。但四級機關內部單位之設立，除機關業務繁重、組織規模龐大者，得於科下分股辦事外，以設立一級為限。 機關內部單位因性質特殊者，得另定名稱。	二、二級內部單位：科。 機關內部單位層級之設立，得因機關性質及業務需求彈性調整，不必逐級設立，但四級機關內部單位以設立一級為限。 附屬機關內部單位因性質特殊者，得另定名稱。

第 26 條 輔助單位依機關組織規模、性質及層級設立，必要時其業務得合併於同一單位辦理。

輔助單位工作與本機關職掌相同或兼具業務單位性質，報經該管一級機關核定者，不受前項規定限制，或得視同業務單位。

第 27 條 一級機關、二級機關及三級機關，得依法設立掌理調查、審議、訴願等單位。

第 28 條 機關得視業務需要設任務編組，所需人員，應由相關機關人員派充或兼任。

第 6 章　機關規模與建制標準

第 29 條

修正後條文（99/01/12）	原條文（97/06/12）
行政院依下列各款劃分各部主管事務： 一、以中央行政機關應負責之主要功能為主軸，由各部分別擔任綜合性、統合性之政策業務。	行政院依下列各款劃分各部主管事務： 一、以中央行政機關應負責之主要功能為主軸，由各部分別擔任綜合性、統合性之政策業務。

修正後條文（99/01/12）	原條文（97/06/12）
二、基本政策或功能相近之業務，應集中由同一部擔任；相對立或制衡之業務，則應由不同部擔任。 三、各部之政策功能及權限，應盡量維持平衡。 部之總數以<u>十四</u>個為限。	二、基本政策或功能相近之業務，應集中由同一部擔任；相對立或制衡之業務，則應由不同部擔任。 三、各部之政策功能及權限，應盡量維持平衡。 部之總數以十三個為限。

第 30 條

修正後條文（99/01/12）	原條文（97/06/12）
各部組織規模建制標準如下： 一、業務單位設六司至八司為原則。 二、各司設四科至八科為原則。 前項司之總數以一百<u>十二</u>個為限。	各部組織規模建制標準如下： 一、業務單位設六司至八司為原則。 二、各司設四科至八科為原則。 前項司之總數以一百零四個為限。

第 31 條

修正後條文（99/01/12）	原條文（97/06/12）
行政院基於政策統合需要得設委員會。 各委員會組織規模建制標準如下： 一、業務單位以四處至六處為原則。 二、各處以三科至六科為原則。 第一項委員會之總數以<u>八個</u>為限。	行政院基於政策統合需要得設附屬機關委員會。 各委員會組織規模建制標準如下： 一、業務單位以四處至六處為原則。 二、各處以三科至六科為原則。 第一項委員會之總數以四個為限。

第 32 條

修正後條文（99/01/12）	原條文（97/06/12）
相當二級機關之獨立機關組織規模建制標準如下： 一、業務單位<u>以</u>四處至六處為原則。 二、各處<u>以</u>三科至六科為原則。 前項獨立機關總數以<u>三</u>個為限。 第一項以外之獨立機關，其內部單位之設立，依機關掌理事務之繁簡定之。	相當二級機關之獨立機關組織規模建制標準如下： 一、業務單位設四處至六處為原則。 二、各處設三科至六科為原則。 前項獨立機關總數以五個為限。 第一項以外之獨立機關，其內部單位之設立，依機關掌理事務之繁簡定之。

第 33 條

修正後條文（99/01/12）	原條文（97/06/12）
<u>二級機關</u>為處理技術性或專門性業務需要得設附屬<u>之</u>機關署、局。 署、局之組織規模建制標準如下： 一、業務單位以四組至六組為原則。 二、各組以三科至六科為原則。 相當二級機關之獨立機關為處理第一項業務需要得設附屬<u>之</u>機關，其組織規模建制標準<u>準用</u>前項規定。 第一項及第三項署、局之總數除地方分支機關外，以<u>七十</u>個為限。	各部為處理技術性或專門性業務需要得設附屬機關署、局。 各部附屬機關署、局之組織規模建制標準如下： 一、業務單位以四組至六組為原則。 二、各組以三科至六科為原則。 相當二級機關之獨立機關為處理第一項業務需要得設附屬機關局，其組織規模建制標準比照前項規定。 第一項及第三項署、局之總數除地方分支機關外，以五十個為限。

第 34 條　行政院及各級機關輔助單位不得超過六個處、室,每單位以三科至六科為原則。

第 7 章　附則

第 35 條　行政院應於本法公布後三個月內,檢討調整行政院組織法及行政院功能業務與組織調整暫行條例,函送立法院審議。

本法公布後,其他各機關之組織法律或其他相關法律,與本法規定不符者,由行政院限期修正,並於行政院組織法修正公布後一年內函送立法院審議。

第 36 條

修正後條文(99/01/12)	原條文(97/06/12)
一級機關為因應突發、特殊或新興之重大事務,得設臨時性、過渡性之機關,其組織以暫行組織規程定之,並應明定其存續期限。二級機關及三級機關得報經一級機關核定後,設立前項臨時性、過渡性之機關。	一級機關為因應突發、特殊或新興之重大事務,得設臨時性、過渡性之機關,其組織以暫行組織規程定之,並應明定其存續期限。

第 37 條　為執行特定公共事務,於國家及地方自治團體以外,得設具公法性質之行政法人,其設立、組織、營運、職能、監督、人員進用及其現職人員隨同移轉前、後之安置措施及權益保障等,應另以法律定之。

第 38 條　本法於行政院以外之中央政府機關準用之。

第 39 條

修正後條文(99/01/12)	原條文(97/06/12)
本法自公布日施行。本法中華民國九十九年一月十二日修正之條文,其施行日期由行政院定之。	本法自公布日施行。

二、中央政府機關總員額法

中華民國 99 年 1 月 12 日制定
中華民國 99 年 2 月 3 日公布
中華民國 108 年 12 月 10 日修正第 3、4、11 條
中華民國 108 年 12 月 3 日公布

第 1 條　為管理中央政府機關員額,增進員額調配彈性,提升用人效能,特制定本法。

第 2 條　本法適用於一級機關及所屬各級機關(以下簡稱機關)。
前項所稱一級機關如下:
一、行政院。
二、立法院。
三、司法院。
四、考試院。
五、監察院。
一級機關所屬之各級機關,依其層級,稱為二級機關、三級機關、四級機關。
本法於總統府及國家安全會議準用之。

第 3 條　本法所稱員額,分為下列五類:
一、第一類:機關為執行業務所置政務人員,定有職稱、官等職等之文職人員,醫事人員及聘任人員。但不包括第三類至第五類員額、公立學校教職員及公立醫院職員。
二、第二類:機關依法令進用之聘僱人員、駐衛警察及工友(含技工、駕駛)。但不包括第三類及第四類員額。
三、第三類:司法院及所屬機關職員(含法警)、聘僱人員、駐衛警察及工友(含技工、駕駛)。
四、第四類:法務部所屬檢察機關職員(含法警)、聘僱人員、駐衛警察及工友(含技工、駕駛)。
五、第五類:警察、消防及海岸巡防機關職(警)員。
前項員額,不包括軍職人員。

第 4 條　機關員額總數最高限為十六萬零九百人。

第一類人員員額最高為七萬四千六百人，第二類人員員額最高為四萬零一百人，第三類人員員額最高為一萬五千人，第四類人員員額最高為六千九百人，第五類人員員額最高為二萬四千三百人。

本法施行後，行政院人事主管機關或單位每四年應檢討分析中央政府總員額狀況，釐定合理精簡員額數，於總預算案中向立法院提出報告。

本法施行後，因組織改制或地方政府業務移撥中央，中央機關所增加原非適用本法之員額，不受本法規定員額高限限制。

因應國家政治經濟環境變遷，或處理突發、特殊或新興之重大事務，行政院於徵詢一級機關後，得在第一項員額總數最高限之下彈性調整各類人員員額最高限。但第二項所定第三類人員員額最高限不得調降。

第 5 條　司法院以外各一級機關及所屬各級機關員額配置，依以下方式辦理：

一、各一級機關及所屬各級機關配置員額之總數，由行政院在前條第二項所定各類人員員額最高限內，徵詢一級機關後定之。

二、各二級機關及所屬各級機關配置員額之總數，由該管一級機關就前款分配之總數定之。

三、各三級以下機關配置之員額數，由該管二級機關擬訂，報請一級機關就前款分配之總數定之。

司法院及所屬機關配置之員額數，由該院就前條第二項第三類員額最高限內定之。

各機關應將實際員額數及人力類型，編入年度總預算案。年度中機關改隸、整併或調整之員額，應報請該管一級機關核定之。

第二條第四項準用機關各年度員額數及人力類型，應會商行政院後編入年度總預算案。

第 6 條　機關組織除以法律定其職稱、官等、職等及員額者外，應依公務人員任用法第六條規定，就其職責程度、業務性質及機關層級，依職務列等表，妥適配置各官等職等之人員，訂定編制表。

前項編制表，其有關考銓業務事項，不得牴觸考銓法規，並應函送考試院核備。

本法施行後，除本法、各機關組織法規及編制表外，不得以作用法或其他法規規定機關之員額。

第 7 條　機關業務移撥其他機關或地方政府，現職人員應隨同業務移撥或依相關規定辦理退休、資遣。

機關改制為法人型態或民營化時，現職人員應隨同業務移轉，原機關公務人員不願隨同移轉者，由主管機關協助安置或於機關改制之日，依相關規定辦理退休、資遣。

前二項應隨同業務移撥、移轉之人員，應依公務人員任用法、公務人員保障法及相關法規等處理現職人員之權益問題。

依第一項及第二項規定應精簡之員額，得由一級機關於精簡員額最高百分之二十範圍內，配合次年度預算審查核定分配予該管二級機關運用。

第 8 條　各機關應定期評鑑所屬人力之工作狀況，並依相關法令對於不適任人力採取考核淘汰、資遣、不續約、訓練、工作重新指派等管理措施。

機關新增業務時，應先就所掌理業務實際需要及消長情形，調整現有人力之配置；有下列情形之一者，其員額應予裁減或移撥其他機關：

一、機關或內部單位裁撤或簡併。

二、業務及功能萎縮。

三、現有業務由民間或地方辦理較有效率或便利。

四、完成國家重大建設、專案業務或計畫等階段性任務。

五、實施組織及員額評鑑所為裁減或調整移撥員額之決議。

六、實施分層負責、逐級授權，或推動業務資訊化、委任、委託、外包及運用社會資源節餘之人力。

七、其他因政策或業務需要須為裁減或調整移撥之情事。

一級機關每兩年應評鑑所屬二級機關員額總數之合理性；二級機關每兩年應評鑑所屬三級機關員額總數之合理性。員額合理性之檢討，應特別著重機關策略和業務狀況配合程度。評鑑結果可要求員額應予裁減或移撥其他機關，移撥員額時，現職人員不得拒絕，但得依相關規定辦理退休、資遣。

前項員額評鑑，應本獨立專業原則，由一級機關或二級機關指派高級職員及遴聘學者專家，以任務編組方式為之。

移撥人員，應由受撥機關或有關主管機關實施專長轉換訓練。

裁減人員，必要時得由有關主管機關提供轉業訓練。

第 9 條　行政院應指定專責機關或單位，掌理各機關員額管理之規劃、調整、監督及員額評鑑等事項；其員額管理、第二條第四項準用機關準用本法之範圍及其他相關事項之辦法，由行政院定之。

司法院及所屬機關員額管理之規劃、調整、監督及員額評鑑等事項，由司法院參照前項規定辦理，並函知行政院指定之專責機關或單位。

第 10 條　為增進人力精簡之效果，行政院得不定期採取具有時限性之人員優惠離職措施，並應以自願申請方式進行；其辦法，由行政院定之。

第 11 條　本法施行日期，由行政院會同考試院定之。
本法修正條文自公布日施行。

三、行政院組織法

中華民國 99 年 1 月 12 日全文修正
中華民國 99 年 2 月 3 日公布

第 1 條　本法依憲法第六十一條制定之。

第 2 條　行政院行使憲法所賦予之職權。

第 3 條、第 4 條

修正後條文（99/01/12）	原條文（69/05/27）
第 3 條 行政院設<u>下</u>列各部： 一、內政部。 二、外交部。 三、國防部。 四、財政部。 五、教育部。 六、法務部。 七、經濟<u>及能源部</u>。 八、交通<u>及建設部</u>。 九、<u>勞動部</u>。 十、<u>農業部</u>。	行政院設左列各部及各委員會： 一、內政部。 二、外交部。 三、國防部。 四、財政部。 五、教育部。 六、法務部。 七、經濟部。 八、交通部。 九、蒙藏委員會。 一○、僑務委員會。

修正後條文（99/01/12）	原條文（69/05/27）
十一、衛生福利部。 十二、環境資源部。 十三、文化部。 十四、科技部。 **第 4 條** 行政院設下列各委員會： 一、國家發展委員會。 二、大陸委員會。 三、金融監督管理委員會。 四、海洋委員會。 五、僑務委員會。 六、國軍退除役官兵輔導委員會。 七、原住民族委員會。 八、客家委員會。	各部及各委員會之組織，以法律定之。

第 5 條

修正後條文（99/01/12）	原條文（69/05/27）
行政院置政務委員七人至九人，特任。 政務委員得兼任前條委員會之主任委員。	行政院各部會首長，均為政務委員。 行政院置不管部會之政務委員五人至七人。

第 6 條

修正後條文（99/01/12）	原條文（69/05/27）
<u>行政院設行政院主計總處及行政院人事行政總處。</u>	原條文第 5 條移列 行政院設主計處及新聞局，其組織另以法律定之。 原條文第 6 條刪除 行政院經行政院會議及立法院之議決，得增設、裁併各部、各委員會，或其他所屬機關。 （理由：依基準法第四條、第十一條、第十二條及第三十六條規定，各級機關之組織或以法律定之，或以命令定之，有關其設立、調整及裁撤，亦均有一定法制程序要求，本條已無規定必要，爰予刪除。）

第 7 條

行政院設中央銀行。

第 8 條

行政院設國立故宮博物院。

第 9 條

行政院設下列相當中央二級獨立機關：

一、中央選舉委員會。

二、公平交易委員會。

三、國家通訊傳播委員會。

第 10 條

修正後條文（99/01/12）	原條文（69/05/27）
行政院院長綜理院務，並指揮監督所屬機關及人員。 行政院院長因事故不能視事時，由副院長代理其職務。	原條文第7條移列 行政院院長綜理院務，並監督所屬機關。 行政院院長因事故不能視事時，由副院長代理其職務。 （理由：條次變更，配合基準法第十七條規定修正。）

第 11 條

修正後條文（99/01/12）	原條文（69/05/27）
行政院院長得邀請或指定有關人員列席行政院會議。	原條文第8條移列 行政院會議，得邀請有關人員列席備詢。 （理由：條次變更，並酌作文字修正。）

第 12 條

修正後條文（99/01/12）	原條文（69/05/27）
行政院置秘書長一人，特任，綜合處理本院幕僚事務；副秘書長二人，其中一人職務比照簡任第十四職等，襄助秘書長處理本院幕僚事務。 行政院置發言人一人，特任，處理新聞發布及聯繫事項，得由政務職務人員兼任之。	行政院置秘書長一人，特任；副秘書長一人，簡任，秘書長承院長之命，處理本院事務，並指揮監督所屬職員，副秘書長承院長之命，襄助秘書長處理本院事務。 秘書長及副秘書長應列席行政院會議。

第 13 條

修正後條文（99/01/12）	原條文（69/05/27）
行政院各職稱之官等職等及員額，另以編制表定之。	原條文第 11 條移列 行政院置秘書十六人至二十人，其中十人簡任，餘荐任；科長十五人至二十人，荐任；科員五十人至八十人，委任，其中二十人至三十人，得為荐任；書記官三十人至四十人，委任；並得用雇員四十人至五十人。 （理由：條次變更，有關職務列等及員額配置等，將另以編制表定之，爰刪除原條文有關員額之規定。）

第 14 條

修正後條文（99/01/12）	原條文（69/05/27）
行政院為處理特定事務，得於院內設專責單位。	行政院為處理特定事務，得於院內設各種委員會。

第 15 條

修正後條文（99/01/12）	原條文（69/05/27）
本法自中華民國一百零一年一月一日開始施行。	本法施行日期，以命令定之。

四、行政院功能業務與組織調整暫行條例

中華民國 99 年 1 月 12 日制定
中華民國 99 年 2 月 3 日公布
中華民國 106 年 12 月 8 日修正第 21 條
中華民國 106 年 12 月 27 日公布
中華民國 108 年 12 月 10 日修正第 21 條
中華民國 108 年 12 月 21 日公布

第 1 條　行政院組織法修正後，為辦理行政院及所屬各級行政機關（以下簡稱原機關）之功能業務與組織調整、財產接管、預決算處理、員額移撥及權益保障等事項，特制定本條例。

第 2 條　原機關應依中央行政機關組織基準法、行政院組織法修正條文及業務職掌檢討，予以精簡、整併、改隸、改制、裁撤或業務調整移撥其他機關。

依前項規定設立之各部、委員會及所屬各級行政機關（以下簡稱新機關）之組織法規，未修正或制（訂）定者，應訂定新機關暫行組織規程及編制表，不適用原機關組織法規。

第一項業務調整移撥其他機關者，原機關組織法規除相關掌理事項及編制員額，由行政院以命令調整外，仍繼續適用之。

原屬中央機關改隸或業務調整移撥地方政府，其組織法規未修正或制（訂）定前，得由權責機關訂定暫行組織規程及編制表。

第 3 條　原機關依前條第一項規定予以精簡、整併、改隸、改制或業務調整移撥其他機關，其管轄權已依組織法規或前條第二項及第四項所定暫行組織規程加以變更，相關之業務法規未及配合修正時，由行政院逕行公告變更管轄之事項；其屬原機關精簡者，行政院於必要時並得以命令停止其精簡部分業務之辦理。

原機關依前條第一項規定予以裁撤，相關業務法規未及配合修正時，該機關所掌理之事項，由行政院以命令停止其全部或一部之辦理。

第 4 條　原機關經管之國有公用財產，其有業務接管機關者，由業務接管機關概括承受，繼續保管、使用、收益及處分，並於組織法規完成立法程序後，辦理管理機關變更登記；其未有業務接管機關者，逕由財政部國有財產局接管及辦理管理機關變更登記。

業務接管機關於組織法規修正或制（訂）定前，得逕將用途廢止之國有公用財產，變更為非公用財產，移交財政部國有財產局接管。為公務或公共需用國有不動產時，得逕以業務接管機關之名義申請撥用。

原機關經管之其他公有公用財產，準用前二項規定辦理。

第 5 條　各機關依組織調整，變更機關名稱、隸屬或業務職掌者，其相關預算之執行，依下列規定辦理：

一、機關名稱更改者，由更改後之機關繼續執行原預算。

二、機關改隸者，由改隸後之機關繼續執行原預算。

三、機關部分或全部業務職掌經調整移撥者，由新機關繼續執行該業務之原預算。

四、前三款情形，有同時兼具者，得併同處理。

各機關依前項規定執行預算，仍無法因應時，報經行政院核准，得在各該年度中央政府總預算相關預算項下調整支應，不受預算法第六十二條及第六十三條規定之限制，必要時，由行政院或地方政府依預算法相關規定辦理追加、追減預算。

各機關依組織調整，變更其原主管之特種基金名稱、隸屬或業務職掌者，其預算之執行，適用前二項規定。

各機關或基金預算依前三項規定調整執行後，其決算應依決算法第九條、第十一條規定辦理。

行政院組織法修正後，中央政府總預算案未及以調整後機關彙整時，仍以調整前機關編列，惟應於行政院組織調整生效時，由新機關依規定承接執行。

第 6 條　各機關依組織調整所需之人員處理等相關費用，得由原機關、原基金或其上級主管機關在原預算範圍內調整支應，必要時，由行政院依預算法相關規定辦理追加預算。

第 7 條　原機關依第二條第一項精簡、整併、改隸、改制、裁撤或業務調整移撥其他機關者，其下列人員適用本條例有關權益保障之規定：

一、依法任用、派用之公務人員（以下簡稱公務人員）。

二、依聘用人員聘用條例及行政院暨所屬機關約僱人員僱用辦法進用之聘用及約僱人員（以下簡稱聘僱人員）。

三、依各機關學校團體駐衛警察設置管理辦法設置之駐衛警察。

四、依廢止前事務管理規則及工友管理要點進用之工友（含技工、駕駛）。

五、休職、停職（含免職未確定）及留職停薪人員。

六、退休公務人員及領卹遺族。

中華民國九十八年四月九日以後調任（含初任、再任）至原機關服務之人員，公務人員不適用第十一條及第十二條規定；聘僱人員不適用第十三條規定；駐衛警察不適用第十四條規定；工友（含技工、駕駛）不適用第十五條規定。

本條例各項保障措施不適用於政務人員、公立學校教職員工及公營事業員工。

第一項第一款至第五款之人員，曾配合機關（構）、學校業務調整而精簡、整併、改隸、改制或裁撤，依據相關法令規定辦理退休、資遣或離職，支領加發給與者，不適用本條例加發俸給總額慰助金、月支報酬、月支薪津或餉給總額慰助金之規定。

第 8 條 各項公務人員考試及格之現職公務人員，移撥至原分發任用之主管機關及其所屬機關或原得分發之機關、原請辦考試機關及其所屬機關以外之機關服務時，得不受公務人員考試法、公務人員任用法及各項公務人員考試規則有關限制轉調規定之限制。

公務人員各種考試錄取尚在實務訓練人員之移撥，視同改分發其他機關繼續實務訓練，其受限制轉調之限制者，比照前項人員予以放寬。

前二項人員日後之轉調，仍應以原考試及格人員得分發之機關及原請辦考試機關、前所轉調之主管機關與其所屬機關有關職務為限。

各項公務人員考試法規定有限制轉調年限者，俟轉調年限屆滿後，得再轉調其他機關。

依專門職業及技術人員轉任公務人員條例轉任，於限制轉調期間內移撥之人員，得不受該條例限制轉調規定之限制，俟轉調年限屆滿後，得再轉調其他機關。但須於原轉任機關、移撥機關及其所屬機關合計任職滿三年後，始得調任其他機關任職。

第 9 條 移撥之公務人員，由新職機關於法定編制內，以與原任職務官等、職等相當之職務，辦理派職。但法定編制已無相當官等、職等職務可資改派時，得以同一官等較低職等職務或低一官等職務辦理派職，並仍以原官等、職等任用。

第一項人員原依交通事業人員任用條例第八條第一項規定轉任者，仍適用原轉任規定。但再改任其他非交通行政機關職務時，仍應依交通事業人員任用條例第八條第二項規定辦理。

原屬中央機關改隸或業務調整移撥地方政府，應辦理現職人員及經費移撥；其有關人員及經費移撥辦法，由行政院會同考試院定之。

前三項人員職系不符者，仍先予派職，並由新職機關於移撥後一年內安排專長轉換訓練，俟取得擬任職務職系專長後再送銓敘部銓敘審定，不受公務人員任用法第十八條、第二十四條及第二十四條之一規定之限制。

第 10 條　移撥之公務人員所任新職為職務陞遷者，其待遇應按新職敘定職等標準支給。

前項以外之移撥公務人員，所任新職之待遇應依下列規定辦理：

一、本俸及年功俸依公務人員俸給法第十一條規定核敘之俸級支給。

二、新職所支技術或專業加給、主管職務加給較原支數額為低者，准予補足差額，其差額並隨同待遇調整而併銷。

三、主管人員經調整為非主管人員者，不再支領主管職務加給。但新職所支本（年功）俸及技術或專業加給合計數額較原支本（年功）俸、技術或專業加給及主管職務加給之合計數額為低者，准予補足差額，其差額並隨同待遇調整而併銷。

四、簡任非主管人員比照主管人員支領主管職務加給者，仍調整為非主管人員，應與新職機關內其他簡任非主管人員一併計算考量，依公務人員加給給與辦法規定核給主管職務加給。

五、地域加給、其他法定加給及各項獎金，應依新職機關所適用之規定辦理。

前項第二款及第三款所稱待遇調整，指全國軍公教員工待遇之調整、職務調動（升）、年度考績晉級或升等所致之待遇調整。

第二項人員再調任其他機關職務者，其待遇應按新職敘定職等標準支給。

第 11 條　公務人員配合行政院組織調整須精簡者，且符合下列情形之一者，得於組織業務調整生效日前七個月內，經服務機關同意後辦理自願退休，不受公務人員退休法第四條第一項第二款規定之限制：

一、任職滿二十年以上。

二、任職滿十年以上，年滿五十歲。

三、任本職務最高職等年功俸最高級滿三年。

依前項第一款規定辦理退休之公務人員，年滿五十五歲者，得擇領或兼領月退休金。依前項第二款及第三款規定辦理退休者，僅得支領一次退休金。

於第一項規定期間內不符合退休條件之公務人員，得辦理資遣。

第 12 條 依前條規定辦理退休、資遣之公務人員，除依公務人員退休法規定應領之退休金或依公務人員資遣給與辦法領取之資遣給與，並一次加發七個月之俸給總額慰助金；延後自願退休、資遣者，自前條第一項所定優惠退離期間起始日起，每延後一個月減發一個月之俸給總額慰助金，遞減至優惠退離期間期滿，不再發給。

公務人員屆齡命令退休生效日係於前條第一項所定優惠退離期間內者，其加發之俸給總額慰助金依提前退休、資遣之月數，每提前一個月發給一個月之俸給總額慰助金。

第一項所稱每延後一個月之期間，指自前條所定優惠退離期間起始日之次月同一日起，至再次月同一日之前一日止，依此類推；前項所稱每提前一個月之期間，指依公務人員退休法施行細則第七條第二項屆齡命令退休人員，自其退休生效日前一個月之十六日至再上個月十七日止，依此類推。

第一項及第二項人員，於退休、資遣生效日起七個月內，再任有給公職時，應由再任機關按比例收繳原加發之俸給總額慰助金，並繳回原給與機關或整併改隸機關或上級主管機關。

第一項、第二項及前項所稱俸給總額慰助金，指退休、資遣當月所支本（年功）俸與技術或專業加給及主管職務加給。加發俸給總額慰助金所需預算，由原服務機關編列預算支應。

第 13 條 聘僱人員配合行政院組織調整須精簡，而連續服務滿一年，經服務機關同意，於契約期滿前離職，且離職生效日係於第十一條第一項所定優惠退離期間內者，除依各機關學校聘僱人員離職儲金給與辦法規定辦理外，並一次加發七個月之月支報酬；延後離職者，自第十一條第一項所定優惠退離期間起始日起，每延後一個月減發一個月之月支報酬，遞減至優惠退離期間期滿，不再發給。但契約期滿日係於第十一條第一項所定優惠退離期間內者，其加發之月支報酬，依提前離職之月數，每提前一個月發給一個月之月支報酬。

前項一個月期間之計算方式，準用前條第三項規定。加發月支報酬所需預算，由原服務機關編列預算支應。

第一項人員，於離職生效日起七個月內，再任有給公職時，應由再任機關按比例收繳原加發之月支報酬，並繳回原給與機關或整併改隸機關或上級主管機關。

第 14 條　各機關依各機關學校團體駐衛警察設置管理辦法進用之駐衛警察配合行政院組織調整須精簡，且符合第十一條第一項第一款或第二款條件，並經服務機關同意者，得辦理自願退職。

前項人員於第十一條第一項所定優惠退離期間不符退職條件者，得辦理資遣。

第一項人員之退職金、前項人員之資遣費標準，除依各機關學校團體駐衛警察設置管理辦法辦理外，並一次加發七個月月支薪津；延後自願退職、資遣者，自第十一條第一項所定優惠退離期間起始日起，每延後一個月減發一個月之月支薪津，遞減至優惠退離期間期滿，不再發給。

駐衛警察屆齡命令退職生效日係於第十一條第一項所定優惠退離期間內者，其加發之月支薪津，依提前退職之月數，每提前一個月發給一個月之月支薪津。

前二項所稱一個月期間之計算，準用第十二條第三項規定。

第一項及第二項人員，於退職或資遣生效日起七個月內，再任有給公職時，應由再任機關按比例收繳原加發之月支薪津，並繳回原給與機關或整併改隸機關或上級主管機關。

第三項、第四項及前項所稱月支薪津，指退職、資遣當月所支薪俸、專業加給及主管職務加給。加發月支薪津所需預算，由原服務機關編列預算支應。

第 15 條　各機關依廢止前事務管理規則及工友管理要點進用之工友（含技工、駕駛）配合行政院組織調整須精簡，且符合第十一條第一項第一款或第二款條件，並經服務機關同意者，得辦理自願退休。

前項人員於第十一條第一項所定優惠退離期間不符合退休條件者，得辦理資遣。

第一項人員之退休金、前項人員之資遣給與標準，除依勞動基準法、工友管理要點及中央各機關學校事務勞力替代措施推動方案等相關規定辦理外，並一次加發七個月之餉給總額慰助金；延後自願退休、資遣者，自第十一條第一項所定優惠退離期間起始日起，每延後一個月減發一個月之餉給總額慰助金，遞減至優惠退離期間，不再發給。

工友屆齡命令退休生效日係於第十一條第一項所定優惠退離期間內者，其加發之餉給總額慰助金，依提前退休之月數，每提前一個月發給一個月之餉給總額慰助金。

前二項所稱一個月期間之計算，準用第十二條第三項規定。

第三項及第四項人員，於退休、資遣生效日起七個月內，再任有給公職時，應由再任機關按比例收繳原加發之餉給總額慰助金，並繳回原給與機關或整併改隸機關或上級主管機關。

第三項、第四項及前項所稱餉給總額慰助金，指退休、資遣當月所支本（年功）餉及專業加給。加發餉給總額慰助金所需預算，由原服務機關編列預算支應。

第 16 條　休職、停職（含免職未確定）及留職停薪人員因行政院組織調整而隨同移撥者，由原服務機關列冊交由新職機關繼續執行。留職停薪人員提前申請復職者，應准其復職。依法復職或回職復薪人員，不願配合行政院組織調整移撥者，得依本條例規定辦理退休、資遣。

前項人員於組織業務調整生效日以後復職或回職復薪者，依第九條、第十條規定辦理。

第 17 條　第十三條第一項人員，於退出原參加之公教人員保險（以下簡稱公保）時，除符合規定得請領公保養老給付者外，其損失之公保已投保年資，準用公教人員保險法第十四條規定之給付基準，發給補償金。

前項人員所領之補償金於其將來再參加公保領取養老給付時，承保機關應代扣原請領之補償金，不受公教人員保險法第十八條不得讓與、抵銷、扣押或供擔保之限制。但請領之養老給付較原請領之補償金額低時，僅繳回所領之養老給付同金額之補償金。

第一項補償金由原服務機關編列預算支應；承保機關依前項規定扣回之款項，應繳還原補償金發給機關。

第 18 條　本條例施行期間，下列事項得由行政院會同考試院另定處理辦法，不受現行法令之限制：

一、住宅輔購（建）貸款事項。

二、員工合法續（借）住宿舍事項。

三、公務人員訓練進修事項。

四、公保已投保年資損失之補償作業事項。

五、退休及撫卹給與之支給機關事項。

六、退休人員及公務人員遺族照護之權責機關事項。

七、其他有關權益保障事項。

第 19 條　原行政院海岸巡防署所屬軍職人員及各機關依組織法規聘任之人員，得準用本條例有關權益保障之規定；其辦法，由行政院定之。

第 20 條　本條例於行政院以外之中央政府機關準用之。

第 21 條　本條例除第六條、第七條、第十一條至第十九條施行日期，由行政院以命令定之外，自中華民國一百零一年一月一日施行，均至中華民國一百十一年十二月三十一日止。

五、行政法人法

中華民國 100 年 4 月 8 日制定
中華民國 100 年 4 月 27 日公布

第 1 條　為規範行政法人之設立、組織、運作、監督及解散等共通事項，確保公共事務之遂行，並使其運作更具效率及彈性，以促進公共利益，特制定本法。

第 2 條　本法所稱行政法人，指國家及地方自治團體以外，由中央目的事業主管機關，為執行特定公共事務，依法律設立之公法人。
前項特定公共事務須符合下列規定：
一、具有專業需求或須強化成本效益及經營效能者。
二、不適合由政府機關推動，亦不宜交由民間辦理者。
三、所涉公權力行使程度較低者。
行政法人應制定個別組織法律設立之；其目的及業務性質相近，可歸為同一類型者，得制定該類型之通用性法律設立之。

第 3 條　行政法人之監督機關為中央各目的事業主管機關，並應於行政法人之個別組織法律或通用性法律定之。

第 4 條　行政法人應擬訂人事管理、會計制度、內部控制、稽核作業及其他規章，提經董（理）事會通過後，報請監督機關備查。

行政法人就其執行之公共事務，在不牴觸有關法律或法規命令之範圍內，得訂定規章，並提經董（理）事會通過後，報請監督機關備查。

第 5 條　行政法人應設董（理）事會。但得視其組織規模或任務特性之需要，不設董（理）事會，置首長一人。

行政法人設董（理）事會者，置董（理）事，由監督機關聘任；解聘時，亦同；其中專任者不得逾其總人數三分之一。

行政法人應置監事或設監事會；監事均由監督機關聘任；解聘時，亦同；置監事三人以上者，應互推一人為常務監事。

董（理）事總人數以十五人為上限，監事總人數以五人為上限。

董（理）事、監事，任一性別不得少於三分之一。但於該行政法人個別組織法律或通用性法律另有規定者，從其規定。

第 6 條　董（理）事、監事採任期制，任期屆滿前出缺，補聘者之任期，以補足原任者之任期為止。董（理）事、監事為政府機關代表者，依其職務任免改聘。

有下列情事之一者，不得聘任為董（理）事、監事：

一、受監護宣告或輔助宣告尚未撤銷。

二、受有期徒刑以上刑之判決確定，而未受緩刑之宣告。

三、受破產宣告尚未復權。

四、褫奪公權尚未復權。

五、經公立醫院證明身心障礙致不能執行職務。

董（理）事、監事有前項情形之一或無故連續不出席董（理）事會議、監事會議達三次者，應予解聘。

董（理）事、監事有下列各款情事之一者，得予解聘：

一、行為不檢或品行不端，致影響行政法人形象，有確實證據。

二、工作執行不力或怠忽職責，有具體事實或違反聘約情節重大。

三、當屆之行政法人年度績效評鑑連續二年未達監督機關所定標準。

四、違反公務人員行政中立法之情事，有確實證據。

五、就主管事件，接受關說或請託，或利用職務關係，接受招待或餽贈，致損害公益或行政法人利益，有確實證據。

六、非因職務之需要，動用行政法人財產，有確實證據。

七、違反第七條第一項、第二項利益迴避原則及第八條第一項前段特定交易行為禁止之情事，有確實證據。

八、其他有不適任董（理）事、監事職位之行為。

董（理）事、監事之資格、人數、產生方式、任期、權利義務、續聘次數及解聘之事由與方式，應於行政法人個別組織法律或通用性法律定之。

第 7 條　董（理）事、監事應遵守利益迴避原則，不得假借職務上之權力、機會或方法，圖謀本人或關係人之利益；其利益迴避範圍及違反時之處置，由監督機關定之。

董（理）事、監事相互間，不得有配偶及三親等以內血親、姻親之關係。

本法所稱關係人，指配偶或二親等內之親屬。

第 8 條　行政法人之董（理）事、監事或其關係人，不得與其所屬行政法人為買賣、租賃、承攬等交易行為。但有正當理由，經董（理）事會特別決議者，不在此限。

違反前項規定致所屬行政法人受有損害者，行為人應對其負損害賠償責任。

第一項但書情形，行政法人應將該董（理）事會特別決議內容，於會後二十日內主動公開之，並報監督機關備查。

第 9 條　行政法人設董（理）事會者，置董（理）事長一人，由監督機關聘任或提請行政院院長聘任；解聘時，亦同。

董（理）事長之聘任，應由監督機關訂定作業辦法遴聘之。

董（理）事長對內綜理行政法人一切事務，對外代表行政法人。

董（理）事長以專任為原則。但於該行政法人個別組織法律或通用性法律另有規定者，從其規定。

行政法人設董（理）事會者，得置執行長一人，負責行政法人營運及管理業務之執行，並由董（理）事長提請董（理）事會通過後聘任；解聘時，亦同。其權責及職務名稱，應於行政法人之個別組織法律另為規定。

董（理）事長及執行長初任年齡不得逾六十五歲，任期屆滿前年滿七十歲者，應即更換。但有特殊考量，經行政院核准者，不在此限。

第六條第二項、第三項前段、第四項、第七條、第八條及第十五條第六款有關董（理）事之規定，於第五項所置執行長準用之。

第 10 條　董（理）事會職權如下：
一、發展目標及計畫之審議。
二、年度營運（業務）計畫之審議。
三、年度預算及決算之審議。
四、規章之審議。
五、自有不動產處分或其設定負擔之審議。
六、其他重大事項之審議。
董（理）事會應定期開會，必要時，得召開臨時會議，由董（理）事長召集，並擔任主席。
監事或常務監事，應列席董（理）事會議。

第 11 條　監事或監事會職權如下：
一、年度營運（業務）決算之審核。
二、營運（業務）、財務狀況之監督。
三、財務帳冊、文件及財產資料之稽核。
四、其他重大事項之審核或稽核。

第 12 條　董（理）事、監事應親自出席董（理）事會議、監事會議，不得委託他人代理出席。

第 13 條　兼任之董（理）事、監事，均為無給職。

第 14 條　行政法人置首長者，應為專任，由監督機關聘任或提請行政院院長聘任；解聘時，亦同。
第六條、第七條、第九條第二項、第三項、第六項、第十五條第五款及第六款有關董（理）事之規定，於前項所置首長準用之。
行政法人置首長者，依第四條、第十八條第二項及第十九條第一項所訂定之規章、年度營運（業務）計畫與預算、年度執行成果及決算報告書，應報請監督機關核定。

第 15 條　監督機關之監督權限如下：
一、發展目標及計畫之核定。
二、規章、年度營運（業務）計畫與預算、年度執行成果及決算報告書之核定或備查。
三、財產及財務狀況之檢查。

四、營運（業務）績效之評鑑。

五、董（理）事、監事之聘任及解聘。

六、董（理）事、監事於執行業務違反法令時，得為必要之處分。

七、行政法人有違反憲法、法律、法規命令時，予以撤銷、變更、廢止、限期改善、停止執行或其他處分。

八、自有不動產處分或其設定負擔之核可。

九、其他依法律所為之監督。

第 16 條 監督機關應邀集有關機關代表、學者專家及社會公正人士，辦理行政法人之績效評鑑。

行政法人績效評鑑之方式、程序及其他相關事項之辦法，由監督機關定之。

第 17 條 績效評鑑之內容如下：

一、行政法人年度執行成果之考核。

二、行政法人營運（業務）績效及目標達成率之評量。

三、行政法人年度自籌款比率達成率。

四、行政法人經費核撥之建議。

第 18 條 行政法人應訂定發展目標及計畫，報請監督機關核定。

行政法人應訂定年度營運（業務）計畫及其預算，提經董（理）事會通過後，報請監督機關備查。

第 19 條 行政法人於會計年度終了一定時間內，應將年度執行成果及決算報告書，委託會計師查核簽證，提經董（理）事會審議，並經監事或監事會通過後，報請監督機關備查，並送審計機關。

前項決算報告，審計機關得審計之；審計結果，得送監督機關或其他相關機關為必要之處理。

第 20 條 行政法人進用之人員，依其人事管理規章辦理，不具公務人員身分，其權利義務關係，應於契約中明定。

董（理）事、監事之配偶及其三親等以內血親、姻親，不得擔任行政法人總務、會計及人事職務。

董（理）事長或首長，不得進用其配偶及三親等以內血親、姻親，擔任行政法人職務。

第 21 條 行政法人由政府機關或機構（以下簡稱原機關（構））改制成立者，原機關（構）現有編制內依公務人員相關任用法律任用、派用公務人員於機關（構）改制之日隨同移轉行政法人繼續任用者（以下簡稱繼續任用人員），仍具公務人員身分；其任用、服務、懲戒、考績、訓練進修、俸給、保險、保障、結社、退休、資遣、撫卹、福利及其他權益事項，均依原適用之公務人員相關法令辦理。但不能依原適用之公務人員相關法令辦理之事項，由行政院會同考試院另定辦法行之。

前項繼續任用人員中，人事、主計、政風人員之管理，與其他公務人員同。

前二項人員得依改制前原適用之組織法規，於首長以外之職務範圍內，依規定辦理陞遷及銓敘審定。

第一項及第二項人員，得隨時依其適用之公務人員退休、資遣法令辦理退休、資遣後，擔任行政法人職務，不加發七個月俸給總額慰助金，並改依行政法人人事管理規章進用。

第 22 條 原機關（構）公務人員不願隨同移轉行政法人者，由主管機關協助安置；或於機關（構）改制之日，依其適用之公務人員退休、資遣法令辦理退休、資遣，並一次加發七個月之俸給總額慰助金。但已達屆齡退休之人員，依其提前退休之月數發給之。

前項人員於退休、資遣生效日起七個月內，再任有給公職或行政法人職務時，應由再任機關或行政法人收繳扣除離職（退休、資遣）月數之俸給總額慰助金繳庫。

前二項所稱俸給總額慰助金，指退休、資遣當月所支本（年功）俸與技術或專業加給及主管職務加給。

第 23 條 原機關（構）現有依聘用人員聘用條例及行政院暨所屬機關約僱人員僱用辦法聘用及約僱之人員（以下簡稱原機關（構）聘僱人員），其聘僱契約尚未期滿且不願隨同移轉行政法人者，於機關（構）改制之日辦理離職，除依各機關學校聘僱人員離職儲金給與辦法規定辦理外，並依其最後在職時月支報酬為計算標準，一次加發七個月之月支報酬。但契約將屆滿人員，依其提前離職之月數發給之。其因退出原參加之公教人員保險（以下簡稱公保），有損失公保投保年資者，並發給保險年資損失補償。

前項人員於離職生效日起七個月內，再任有給公職或行政法人職務時，應由再任機關或行政法人收繳扣除離職月數之月支報酬繳庫。所領之保險年

資損失補償於其將來再參加公保領取養老給付時，承保機關應代扣原請領之補償金，並繳還原機關（構）之上級機關，不受公教人員保險法第十八條不得讓與、抵銷、扣押或供擔保之限制。但請領之養老給付較原請領之補償金額低時，僅繳回所領之養老給付同金額之補償金。

前二項公保年資損失補償，準用公教人員保險法第十四條規定之給付標準發給。

原機關（構）聘僱人員於機關（構）改制之日隨同移轉行政法人者，應於改制之日辦理離職，並依各機關學校聘僱人員離職儲金給與辦法發給離職儲金，不加發七個月月支報酬，並改依行政法人人事管理規章進用。其因退出原參加之公保，有損失公保投保年資者，依前二項規定，發給保險年資損失補償。

原機關（構）現有依行政院暨所屬機關約僱人員僱用辦法約僱之人員，其適用勞動基準法者，不適用第一項及前項所定發給離職儲金之規定，並依勞動基準法及勞工退休金條例相關規定發給退休金或資遣費。

第 24 條　原機關（構）現有依各機關學校團體駐衛警察設置管理辦法進用之駐衛警察（以下簡稱原機關駐衛警察），不願隨同移轉行政法人者，由主管機關協助安置；或於機關（構）改制之日依其適用之退職、資遣法令辦理退職、資遣，並一次加發七個月之月支薪津。但已達屆齡退職之人員，依其提前退職之月數發給之。

前項人員於退職、資遣生效日起七個月內，再任有給公職或行政法人職務時，應由再任機關或行政法人收繳扣除離職（退職、資遣）月數之月支薪津繳庫。

前二項所稱月支薪津，指退職、資遣當月所支薪俸、專業加給及主管職務加給。

原機關駐衛警察於機關（構）改制之日隨同移轉行政法人者，應於改制之日依其原適用之退職、資遣法令辦理退職、資遣，不加發七個月月支薪津，並改依行政法人人事管理規章進用。

第 25 條　原機關（構）現有之工友（含技工、駕駛）（以下簡稱原機關（構）工友），不願隨同移轉行政法人者，由主管機關協助安置；或於機關（構）改制之日依其適用之退休、資遣法令辦理退休、資遣，並一次加發七個月之餉給總額慰助金。但已達屆齡退休之人員，依其提前退休之月數發給之。

前項人員於退休、資遣生效日起七個月內，再任有給公職或行政法人職務時，應由再任機關或行政法人收繳扣除離職（退休、資遣）月數之餉給總額慰助金繳庫。

前二項所稱餉給總額慰助金，指退休、資遣當月所支本（年功）餉及專業加給。

原機關（構）工友於機關（構）改制之日隨同移轉行政法人者，應於改制之日依其原適用之退休、資遣法令辦理退休、資遣，不加發七個月餉給總額慰助金，並改依行政法人人事管理規章進用。

第 26 條 原機關（構）改制所需加發慰助金及保險年資損失補償等相關費用，得由原機關（構）、原基金或其上級機關在原預算範圍內調整支應，不受預算法第六十二條及第六十三條規定之限制。

第 27 條 曾配合機關（構）、學校業務調整而精簡、整併、改隸、改制或裁撤，依據相關法令規定辦理退休、資遣或離職，支領加發給與者，不適用本法有關加發慰助金、月支報酬或月支薪津之規定。

第 28 條 休職、停職（含免職未確定）及留職停薪人員因原機關（構）改制行政法人而隨同移轉者，由原機關（構）列冊交由行政法人繼續執行。留職停薪人員提前申請復職者，應准其復職。

前項人員於依法復職或回職復薪，不願配合移轉者，得準用第二十二條規定，由主管機關協助安置，或辦理退休、資遣，並加發慰助金。

第 29 條 第二十一條、第二十二條、第二十六條至前條規定，於原機關（構）依教育人員任用條例規定聘任人員準用之。

第 30 條 行政法人之個別組織法律或通用性法律規定有關現職員工權益保障事項，不得與第二十一條至第二十五條、第二十七條至前條規定相牴觸。

前項規定，國防部及所屬之聘用及僱用人員不在此限。

第 31 條 行政法人之會計年度，應與政府會計年度一致。

第 32 條 行政法人之會計制度，依行政法人會計制度設置準則訂定。

前項會計制度設置準則，由行政院定之。

行政法人財務報表，應委請會計師進行查核簽證。

第 33 條　行政法人成立年度之政府核撥經費,得由原機關(構)或其上級機關在原預算範圍內調整因應,不受預算法第六十二條及第六十三條規定之限制。

第 34 條　原機關(構)改制為行政法人業務上有必要使用之公有財產,得採捐贈、出租或無償提供使用等方式為之;採捐贈者,不適用預算法第二十五條及第二十六條、國有財產法第二十八條及第六十條相關規定。

行政法人設立後,因業務需要得價購公有不動產。土地之價款,以當期公告土地現值為準。地上建築改良物之價款,以稅捐稽徵機關提供之當年期評定現值為準;無該當年期評定現值者,依公產管理機關估價結果為準。

行政法人以政府機關核撥經費指定用途所購置之財產,為公有財產。

第一項出租、無償提供使用及前項之公有財產以外,由行政法人取得之財產為自有財產。

第一項無償提供使用及第三項之公有財產,由行政法人登記為管理人,所生之收益,列為行政法人之收入,不受國有財產法第七條第一項規定之限制;其管理、使用、收益等相關事項之辦法,由監督機關定之。公有財產用途廢止時,應移交各級政府公產管理機關接管。

行政法人接受捐贈之公有不動產,不需使用時,應歸還原捐贈機關,不得任意處分。

第 35 條　政府機關核撥行政法人之經費,應依法定預算程序辦理,並受審計監督。

政府機關核撥之經費超過行政法人當年度預算收入來源百分之五十者,應由監督機關將其年度預算書,送立法院審議。

第 36 條　行政法人所舉借之債務,以具自償性質者為限,並先送監督機關核定。預算執行結果,如有不能自償之虞時,應即檢討提出改善措施,報請監督機關核定。

第 37 條　行政法人辦理採購,應本公開、公平之原則,並應依我國締結簽訂條約或協定之規定。

前項採購,除符合政府採購法第四條所定情形,應依該規定辦理外,不適用該法之規定。

前項應依政府採購法第四條規定辦理之採購,於其他法律另有規定者,從其規定。

第 38 條　行政法人之相關資訊，應依政府資訊公開法相關規定公開之；其年度財務報表、年度營運（業務）資訊及年度績效評鑑報告，應主動公開。

前項年度績效評鑑報告，應由監督機關提交分析報告，送立法院備查。必要時，立法院得要求監督機關首長率同行政法人之董（理）事長、首長或相關主管至立法院報告營運狀況並備詢。

第 39 條　對於行政法人之行政處分不服者，得依訴願法之規定，向監督機關提起訴願。

第 40 條　行政法人因情事變更或績效不彰，致不能達成其設立目的時，由監督機關提請行政院同意後解散之。

行政法人解散時，繼續任用人員，由監督機關協助安置，或依其適用之公務人員法令辦理退休、資遣；其餘人員，終止其契約；其賸餘財產繳庫；其相關債務由監督機關概括承受。

第 41 條　本法於行政院以外之中央政府機關，設立行政法人時，準用之。

經中央目的事業主管機關核可之特定公共事務，直轄市、縣（市）得準用本法之規定制定自治條例，設立行政法人。

第 42 條　本法自公布日施行。

附錄二

組織改造行政院二級機關 14 部之組織法條文

一、「內政部」：內政部組織法修正草案條文

民國 107 年 5 月 3 日版本

第 1 條　行政院為辦理全國內務行政業務，特設內政部（以下簡稱本部）。

第 2 條　本部掌理下列事項：

一、地方制度、地方組織、地方自治、行政區劃、區域合作、選舉罷免、政黨、政治獻金、遊說政策與制度之規劃、推動、監督及輔導。

二、戶籍登記與管理、國籍取得與變更、姓名規範、國民身分證、戶口調查統計政策與制度之規劃及推動；戶籍作業之規劃及管理。

三、土地與建物之測量登記、地籍與地權管理、土地徵收與重劃、地價與不動產交易、國土測繪、方域行政政策與制度之規劃及推動；不動產服務業輔導。

四、宗教、祭祀公業、神明會、殯葬、國徽國旗、勳獎褒揚、紀念日節日政策與制度之規劃、推動及輔導。

五、社會團體、職業團體、合作事業政策與制度之規劃、輔導、監督及資源培力。

六、兵源、徵集、役男權益、替代役政策與制度之規劃及推動；替代役業務之執行及督導。

七、內政資訊業務政策與制度之規劃及推動；資訊通訊安全之管理、稽核及督導。

八、所屬機關辦理警政、消防與災害防救、入出國（境）管理、移民與新住民事務、人口販運防制、國土管理、國家公園事務之督導。

九、警察學術發展與人才培育、空中勤務、全國建築研究發展之規劃及推動。

十、其他有關內政事項。

第 3 條　本部置部長一人，特任；政務次長二人，職務比照簡任第十四職等；常務次長一人，職務列簡任第十四職等。

第 4 條　本部置主任秘書，職務列簡任第十二職等。

第 5 條　本部之次級機關及其業務如下：
一、警政署：全國警察行政事務之規劃及執行；全國警察機關之統一指揮及監督。
二、消防署：全國災害防救、消防行政事務之規劃及執行；全國消防機關之統一指揮及監督。
三、移民署：入出國（境）管理、移民與新住民事務、防制人口販運之規劃及執行。
四、國土管理署：國土規劃、都市計畫、都市更新、住宅、建築管理、工程技術顧問公司與專業技師管理、都市基礎工程之規劃、推動、管理及督導。
五、國家公園署：國家公園、國家自然公園、濕地與海岸管理之規劃、推動、管理及督導。

第 6 條　本部各職稱之官等職等及員額，另以編制表定之。

第 7 條　本法施行日期，由行政院以命令定之。

備註：尚未立法通過。
原馬英九政府行政院版本於 105 年 2 月 1 日送審後因蔡英文政府上台後，於 105 年 7 月 1 日撤回。
後於 107 年 5 月 3 日提出蔡政府行政院版送審。

二、「交通部及建設部」：交通及建設部組織法草案

民國 107 年 5 月 3 日版本

第 1 條　行政院為辦理全國交通行政、交通建設及產業業務，特設交通及建設部（以下簡稱本部）。

第 2 條　本部掌理下列事項：
一、鐵路、大眾捷運與公路建設之政策、工程籌劃、監督及管理。
二、公共運輸與公路監理之政策、籌劃、監督及管理。
三、觀光發展規劃、宣傳推廣、資源開發建設及經營輔導管理之督導。
四、海空運輸政策與法規之研擬、建設規劃，商港、機場、自由貿易港區之發展、規劃、監督及管理。
五、智慧運輸科技創新、數據應用、資訊服務與資訊安全之政策規劃、協調、監督及管理。
六、郵務、儲金匯兌與壽險業務之籌劃、監督及管理。
七、交通安全之政策規劃、協調、監督及管理。
八、運輸相關業務之研究及發展。
九、所屬機關（構）辦理觀光、公路、國道、鐵道、民航、航港及運輸研究事務之督導。
十、其他有關交通及建設事項。

第 3 條　本部置部長一人，特任；政務次長二人，職務比照簡任第十四職等；常務次長一人，職務列簡任第十四職等。

第 4 條　本部置主任秘書，職務列簡任第十二職等。

第 5 條　本部之次級機關及其業務如下：
一、觀光署：研擬、規劃觀光政策及執行全國觀光事項。
二、公路局：執行公路新建、養護、監理及運輸管理事項。
三、高速公路局：執行國道新建、拓建、養護工程及交通管理、控制事項。
四、鐵道局:執行鐵道系統新建、改建工程、營運監理及所屬場站開發事項。
五、民用航空局：執行民航事業管理、航空保安、航空站經營管理、監理及航空自由貿易港區管理事項。

六、航港局：執行航運事業、船舶、船員與港政監理、商港自由貿易港區管理及航行安全事項。

第 6 條　本部各職稱之官等職等及員額，另以編制表定之。

第 7 條　本法施行日期，由行政院以命令定之。

> 備註：尚未立法通過
> 原馬英九政府行政院版本於 105 年 2 月 1 日送審後因蔡英文政府上台後，於 105 年 7 月 1 日撤回。
> 後於 107 年 5 月 3 日提出蔡政府行政院版送審。

三、「經濟部及能源部」：經濟及能源部組織法草案

民國 107 年 5 月 3 日版本

第 1 條　行政院為辦理全國經貿行政、經濟建設及能源業務，特設經濟及能源部（以下簡稱本部）。

第 2 條　本部掌理下列事項：

一、投資政策與招商策略之規劃、訂定、推動及投資審議。

二、商業法規之研擬、推動與商業管理及發展。

三、產業技術創新研發政策之規劃、訂定及推動。

四、配合經濟及產業政策，創設或投資生產事業。

五、所屬國營事業之監督與管理、本部直接投資事業之公股管理與經濟及能源事務財團法人之設立許可、監督及管理。

六、所屬機關辦理經濟與產業、國際貿易、能源、中小及新創企業發展、水利、智慧財產權、產業園區與加工出口區、國家標準、商品檢驗、度量衡之督導。

七、所屬經貿人員培訓機構之督導、協調及推動。

八、其他有關經濟及能源事項。

第 3 條　本部置部長一人，特任；政務次長二人，職務比照簡任第十四職等；常務次長一人，職務列簡任第十四職等。

第 4 條　本部置主任秘書，職務列簡任第十二職等。

第 5 條　本部之次級機關及其業務如下：

一、產業發展署：產業政策之規劃與推動、產業管理及發展事項。

二、國際貿易署：國際貿易政策之規劃與執行、貿易推廣及管理事項。

三、能源署：能源政策之規劃、執行及管理事項。

四、中小及新創企業署：中小及新創企業政策之規劃與執行、輔導及發展事項。

五、水利署：水利政策之規劃、執行及管理事項。

六、智慧財產局：專利權、商標權、著作權與其他智慧財產權之審查、登記、管理、保護及宣導事項。

七、產業園區管理局：產業園區與加工出口區之規劃、開發、招商、營運及管理事項。

八、標準檢驗局：國家標準、商品檢驗、度量衡之推動、管理及宣導事項。

第 6 條　本部為應業務需要，得報請行政院核准，派員駐境外辦事，並依駐外機構組織通則規定辦理。

第 7 條　本部各職稱之官等職等及員額，另以編制表定之。

第 8 條　本部為應業務需要，得依聘用人員聘用條例之規定，聘用對產業、能源、科技及經濟等有專門研究之人員五十五人至八十六人。

第 9 條　本法施行前，原經濟部國營事業委員會現職人員，具有公務人員任用資格者，其有關比照改任官職等級及退撫事項，由考試院會同行政院另以辦法定之。但依該辦法改任之人員經銓敘部審定之官職等、俸級所支給之俸給，如低於本法施行前之薪給者，准依其意願補足差額，其差額併同待遇調整而併銷，支領差額期間不得請領生活津貼；或選擇不補足差額，並依規定請領生活津貼。

本法施行前，原經濟部國營事業委員會具有公務人員任用資格已參加勞工保險者，得以改任時審定之原官等原職務，選擇繼續參加勞工保險；調任其他職務或升任高一官等時，應依規定參加公教人員保險。

本法施行前，原經濟部國營事業委員會未具公務人員任用資格者，得適用原有關法令之規定，繼續任原職至離職或退休為止；已參加勞工保險者，得以原職選擇繼續參加勞工保險至離職為止。

第一項所稱待遇調整，指全國軍公教員工待遇之調整、職務調動（升）、年度考績晉級或升等所致之待遇調整。

第 10 條 本法施行日期，由行政院以命令定之。

> 備註：尚未立法通過。
> 原馬英九政府行政院版本於 105 年 2 月 1 日送審後因蔡英文政府上台後，於 105 年 7 月 1 日撤回。
> 後於 107 年 5 月 3 日提出蔡政府行政院版送審。

四、「農業部」：農業部組織法草案

民國 107 年 5 月 3 日版本

第 1 條 行政院為辦理全國農業、漁業、林產業及畜牧業行政業務，特設農業部（以下簡稱本部）。

第 2 條 本部掌理下列事項：

一、農業政策與法規之規劃、研擬、管理及監督。

二、農業資源永續利用政策與法規之規劃、研擬、管理及監督。

三、公私有林經營輔導、農地營林、林產業發展、城鄉綠美化、樹木保護管理政策與法規之規劃、研擬、管理及監督。

四、農產品安全、農業行銷政策與法規之規劃、研擬、管理及監督。

五、畜牧業與動物保護政策與法規之規劃、研擬、管理及監督。

六、農業科技政策與法規之規劃、研擬、管理及監督。

七、國際與兩岸農業貿易合作政策與法規之規劃、研擬、管理及監督。

八、所屬機關辦理農糧、漁業、動植物防疫檢疫、農村發展、農田水利、農民服務、農業金融與保險、農業科技園區之督導。

九、所屬機構辦理農業、林業、水產、畜產、獸醫科技、農業藥物、區域
性農業、植物種苗、特用作物試驗研究之督導、協調及推動。

十、其他有關農業事項。

第 3 條　本部置部長一人，特任；政務次長二人，職務比照簡任第十四職等；
常務次長一人，職務列簡任第十四職等。

第 4 條　本部置主任秘書，職務列簡任第十二職等。

第 5 條　本部之次級機關及其業務如下：

一、農糧署：規劃與執行農糧政策及管理事項。

二、漁業署：規劃與執行漁業政策及管理事項。

三、動植物防疫檢疫署：規劃與執行動植物防疫、檢疫、畜禽屠宰政策及
管理事項。

四、農村及農田水利署：規劃與執行農村發展、休閒農業、農田水利政策
及管理事項。

五、農民服務及農業金融署：規劃與執行農民服務及農業金融政策及管理
事項。

六、農業科技園區管理中心：執行農業科技園區管理事項。

第 6 條　本部為應業務需要，得報請行政院核准，派員駐境外辦事，並依駐
外機構組織通則規定辦理。

第 7 條　本部各職稱之官等職等及員額，另以編制表定之。

第 8 條　本法施行日期，由行政院以命令定之。

備註：尚未立法通過。
原馬英九政府行政院版本於 105 年 2 月 1 日送審後因蔡英文政府
上台後，於 105 年 7 月 1 日撤回。
後於 107 年 5 月 3 日提出蔡政府行政院版送審。

五、「環境資源部」：環境資源部組織法草案

民國 107 年 5 月 3 日版本

第 1 條　行政院為辦理環境及資源業務，特設環境資源部（以下簡稱本部）。

第 2 條　第二條　本部掌理下列事項：

一、環境與自然資源政策、制度之綜合規劃、督導及考核；環境資源國際合作及科技發展計畫；公害糾紛處理之政策規劃、法規研擬、執行及督導。

二、氣候變遷因應之政策規劃、法規研擬、執行及督導；氣候變遷調適策略之整合，氣候災害整備、應變之推動及協調。

三、空氣品質保護管理、空氣污染防制、室內空氣品質管理、噪音及振動管制、環境中非屬原子能游離輻射污染與光害管理之政策規劃、法規研擬、執行及督導。

四、水體品質保護、水污染防治、飲用水水質管理之政策規劃、法規研擬、執行與督導；流域及水資源統合管理之協調。

五、廢棄資源物減量、循環再生與管理、環保產品管理之政策規劃、法規研擬、協調及督導。

六、環境影響評估、環境教育之政策規劃、法規研擬、執行及督導；永續發展、自然保育與生物多樣性之協調。

七、環境資源資訊與環境品質監測之政策規劃、整合、推動、執行及督導。

八、所屬機關辦理氣象、水資源保育、溫泉管理、下水道、森林、野生動植物、水土保持、地質、礦產資源、毒物及化學物質管理、化學品登錄管理、環境用藥管理、環境檢驗、鑑識與檢測管理、土壤及地下水污染整治、污染管制、環境整潔綠美化與優質環境營造、環境執法、資源回收再利用、廢棄物管理之指導、協調及督導。

九、所屬機構辦理環境教育及證照管理、生物多樣性與森林及自然保育研究之督導、協調及推動。

十、其他有關環境及自然資源保護事項。

第 3 條　本部置部長一人，特任；政務次長二人，職務比照簡任第十四職等；常務次長一人，職務列簡任第十四職等。

第 4 條　本部置主任秘書，職務列簡任第十二職等。

第 5 條　本部之次級機關及其業務如下：
一、中央氣象署：規劃及執行全國氣象事項。
二、水資源保育署：規劃與執行水資源保育、溫泉管理及下水道事項。
三、森林及自然保育署：規劃與執行森林及自然保育事項。
四、水土保持及地質礦產署：規劃與執行水土保持、地質調查與管理及礦產資源事項。
五、毒物及化學物質署：規劃與執行毒物及化學物質管理、化學品登錄管理、環境用藥管理、土壤及地下水污染整治與底泥之管理及協調與督導、環境檢驗、鑑識及檢測管理事項。
六、環境管理局：規劃與執行環境執法、資源回收再利用、廢棄物管理事項。

第 6 條　本部為應業務需要，得報請行政院核准，派員駐境外辦事，並依駐外機構組織通則規定辦理。

第 7 條　本部各職稱之官等職等及員額，另以編制表定之。

第 8 條　本法施行日期，由行政院以命令定之。

備註：尚未立法通過。
原馬英九政府行政院版本於 105 年 2 月 1 日送審後因蔡英文政府上台後，於 105 年 7 月 1 日撤回。
後於 107 年 5 月 3 日提出蔡政府行政院版送審。

六、「外交部」：外交部組織法

民國 100 年 11 月 14 日

第 1 條　行政院為辦理外交及有關涉外業務，特設外交部（以下簡稱本部）。

第 2 條　本部掌理下列事項：

一、外交關係發展之情勢研判、涉外政策之規劃、審議及協調。

二、涉外政治、軍事、安全、通商、經濟、財政、文化、國際組織參與、公眾外交及其他涉外事務之統合規劃、協調及監督。

三、駐外機構之設立、指揮、督導，與其業務之規劃、協調及推動。

四、涉外法律事務之研擬、解釋、規劃及推動。

五、各國駐華機構與人員之禮賓規劃及執行。

六、護照、簽證、文件證明等領事事務及旅外國人急難救助政策之規劃及督導。

七、國際新聞傳播政策之規劃、協調及執行。

八、外交領事與國際事務人員培訓、外交政策研究及國際交流之督導。

九、其他有關外交事項。

第 3 條　本部置部長一人，特任；政務次長二人，職務比照簡任第十四職等；常務次長一人，職務列簡任第十四職等。

第 4 條　本部置主任秘書，職務列簡任第十二職等。

第 5 條　本部設領事事務局，辦理執行護照、簽證、文件證明核發及旅外國人急難救助事項。

第 6 條　本部為應業務需要，得派本部及所屬機關（構）人員駐境外辦事，並依駐外機構組織通則規定辦理。

第 7 條　本部得委託特定團體處理涉外事務。

第 8 條　本部得視業務需要，辦理無給職之無任所大使之遴聘作業。

第 9 條　本法施行前原依派用人員派用條例審定准予登記有案之現職人員，其未具公務人員任用資格者，得繼續適用原有相關法令之規定至離職時為止。

第 10 條　本部各職稱之官等職等及員額,另以編制表定之。

第 11 條　本法施行日期,由行政院以命令定之。

七、「國防部」：國防部組織法

民國 101 年 12 月 12 日

第 1 條　行政院為辦理國防業務,特設國防部(以下簡稱本部)。

第 2 條　本部掌理下列事項:
一、國防政策之規劃、建議及執行。
二、國防及軍事戰略之規劃、核議及執行。
三、軍隊之建立及發展。
四、國防資源之規劃及執行。
五、國防科技與武器系統之研究及發展。
六、國防人力之規劃、核議及執行。
七、軍事教育之規劃及執行。
八、軍法業務、矯正執行、國防法規與訴願、國家賠償、官兵權益保障之規劃及執行。
九、全民防衛動員政策建議及軍事動員準備方案之規劃。
十、建軍之整合評估。
十一、國軍督(監)察之規劃及執行。
十二、國防採購政策、法令、制度、計畫之規劃、督導、管理及執行。
十三、本部政風業務之規劃及執行。
十四、協助災害防救之規劃及執行。
十五、其他有關國防事務之規劃、執行及監督事項。

第 3 條　本部為掌理前條所列事項,得設司、室,並得視業務需要分處辦事及於處、室下設科辦事。

第 4 條　本部置部長一人,特任;副部長二人,特任或上將;常務次長二人,簡任第十四職等或中將。

第 5 條　本部設參謀本部，為部長之軍令幕僚。

參謀本部指揮三軍聯合作戰。

第 6 條　本部之次級軍事機關及其業務如下：

一、政治作戰局：國軍政治作戰事項之規劃、核議及執行。

二、軍備局：國軍軍備整備事項之規劃、核議及執行。

三、主計局：國軍主計事項之規劃、核議及執行。

四、軍醫局：國軍醫務及衛生勤務事項之規劃、核議及執行。

第 7 條　本部設陸軍司令部、海軍司令部、空軍司令部及其他軍事機關；其組織以命令定之。

本部為執行軍隊指揮，得將前項軍事機關及其所屬部隊編配參謀本部。

第 8 條　本部設後備指揮部及憲兵指揮部；其組織以編組裝備表定之。

本部為執行軍隊指揮，將前項軍事機構及其所屬部隊編配參謀本部。

第 9 條　本部視部隊任務之需要，於適當地區設地方軍事法院或其分院。戰時得授權地方軍事法院，於特定部隊設臨時法庭。

本部視部隊任務之需要，於適當地區設高等軍事法院或其分院。戰時得授權高等軍事法院，於作戰區設臨時法庭。

本部於中央政府所在地，設最高軍事法院。戰時得授權最高軍事法院，於戰區設臨時法庭。

本部於各級軍事法院及分院各配置檢察署。

前四項之各級軍事法院及分院、各級軍事檢察署，其組織以命令定之。

第 10 條　本部為應業務需要，得報請行政院核准，派員駐境外辦事，並依駐外機構組織通則規定辦理。

第 11 條　本部各職稱之官等（階）職等及員額，另以編制表定之；其中文職人員之任用，不得少於預算員額三分之一。

第 12 條　本法施行日期，由行政院以命令定之。

八、「財政部」：財政部組織法

民國 101 年 02 月 03 日

第 1 條　行政院為辦理全國財政業務，特設財政部（以下簡稱本部）。

第 2 條　本部掌理下列事項：

一、國庫及支付業務。

二、賦稅。

三、關務。

四、國有財產。

五、財政資訊。

六、政府採購。

七、促進民間參與公共建設。

八、所屬財政人員訓練機構之督導。

九、其他有關財政事項。

第 3 條　本部置部長一人，特任；政務次長二人，職務比照簡任第十四職等；常務次長一人，職務列簡任第十四職等。

第 4 條　本部置主任秘書，職務列簡任第十二職等。

第 5 條　本部之次級機關及其業務如下：

一、國庫署：規劃、執行國庫及支付業務。

二、賦稅署：規劃、執行全國賦稅業務。

三、各地區國稅局：執行各地區國稅稽徵業務。

四、關務署：規劃、執行全國關務業務。

五、國有財產署：規劃、執行國有財產管理業務。

六、財政資訊中心：規劃、執行本部與所屬機關（構）資訊業務之推展及管理事項。

第 6 條　本部為應業務需要，得報請行政院核准，派員駐境外辦事，並依駐外機構組織通則規定辦理。

第7條　本部各職稱之官等職等及員額，另以編制表定之。

第8條　本法施行日期，由行政院以命令定之。

> ※ 本法規部分或全部條文尚未生效，最後生效日期：未定
> 本法 101.02.03 修正之第 2 條第 6 款有關政府採購之施行日期，
> 由行政院以命令定之。

九、「教育部」：教育部組織法

民國 101 年 02 月 03 日

第1條　行政院為辦理全國教育業務，特設教育部（以下簡稱本部）。

第2條　本部掌理下列事項：

一、高等教育、技術職業教育政策之規劃，大專校院發展、師資、招生、資源分配、品質提升、產學合作之輔導及行政監督。

二、終身教育、社會教育、成人教育、家庭教育、藝術教育、進修補習教育、特殊教育、性別平等教育、公民素養、閱讀語文、教育基金會政策之規劃、輔導與行政監督，與所屬社會教育機構之督導、協調及推動。

三、國際與兩岸教育學術交流、國際青年與教育活動參與、海外華語文教育推廣、留學生、外國學生、僑生、港澳生與陸生之輔導、外僑學校、大陸地區臺商學校與海外臺灣學校之輔導及行政監督。

四、師資培育政策、師資職前教育課程、師資培育大學之獎補助與評鑑、教師專業證照與實習、教師在職進修、教師專業組織輔導、教師專業發展與教師評鑑之規劃、輔導及行政監督。

五、學校資訊教育、環境教育政策之規劃、輔導與行政監督、人文社會、科技教育政策之規劃、協調與推動、學術網路資源與系統之規劃及管理。

六、學生事務之輔導及行政監督、學校全民國防教育、校園安全政策之規劃、輔導與行政監督，學校軍訓教官與護理教師之管理及輔導。

七、原住民族及少數族群教育、學校衛生教育政策之規劃、輔導及行政監督。

八、中小學與學前教育、青年發展、學校體育、全民運動、競技運動、運動產業、國際與兩岸運動及運動設施政策之規劃、輔導及行政監督。

九、教育人事政策之規劃、教育人事法令之訂定、解釋與私立學校教職員退休、撫卹、資遣之規劃、輔導及行政監督。

十、其他有關教育事項。

第 3 條　本部置部長一人，特任；政務次長二人，職務比照簡任第十四職等；常務次長一人，職務列簡任第十四職等。

第 4 條　本部置主任秘書，職務列簡任第十二職等。

第 5 條　本部之次級機關及其業務如下：

一、國民及學前教育署：規劃、推動高級中等以下學校與學前教育政策及制度，並督導、協調、協助各地方高級中等以下學校與學前教育之發展及執行本部所轄高級中等以下學校教育事項。

二、體育署：規劃全國體育政策，並督導、執行學校體育、全民運動、競技運動、運動產業、國際與兩岸運動及運動設施事項。

三、青年發展署：規劃全國青年發展政策，推動青年生涯輔導、公共參與、國際與體驗學習及其他青年發展事項。

第 6 條　本部為應業務需要，得報請行政院核准，派員駐境外辦事，並依駐外機構組織通則規定辦理。

第 7 條　本部資訊及科技教育司之司長職務，必要時，得比照專科以上學校教授之資格聘任；其退休、撫卹比照教師相關規定辦理，並由本部核定之。

第 8 條　本部各職稱之官等職等及員額，另以編制表定之。

第 9 條　本法施行日期，由行政院以命令定之。

十、「法務部」：法務部組織法

民國 107 年 05 月 23 日

第 1 條　行政院為辦理全國檢察行政、犯罪防治、犯罪矯正、司法保護、廉政、行政執行、法規諮商、行政院之法律事務及司法人員養成教育業務，特設法務部（以下簡稱本部）。

第 2 條　本部掌理下列事項：

一、法務政策之綜合研議、規劃、督導及考核。

二、行政院及其所屬機關法規研議、法規適用之諮商。

三、人權保障業務之推動、協調及聯繫。

四、本部主管民事、刑事及行政法規之研擬、督導及執行。

五、刑事偵查、實行公訴及刑事執行等檢察行政之政策規劃、法規研擬、指導及監督。

六、律師及法醫師之管理及監督。

七、觀護、更生保護、犯罪被害人保護、犯罪預防、法治教育、法律扶助及服務、訴訟輔導等司法保護之政策規劃、法規研擬、指導及監督。

八、國際及兩岸司法互助之政策規劃、法規研擬、對外諮商及執行。

九、法醫鑑驗、人員培訓及法醫科技之研究發展。

十、所屬機關（構）辦理犯罪調查、行政執行、廉政、矯正、刑事偵查、實行公訴與刑事執行之指導及監督。

十一、司法人員養成教育業務之執行及考核。

十二、其他有關法務行政事項。

第 3 條　本部置部長一人，特任；政務次長二人，職務比照簡任第十四職等；常務次長一人，職務列簡任第十四職等。

第 4 條　本部置主任秘書，職務列簡任第十二職等。

第 5 條　本部之次級機關及其業務如下：

一、調查局：執行國家安全維護、機關保防、貪瀆、賄選、重大經濟犯罪、毒品犯罪及洗錢等之調查防制事項。

二、行政執行署：規劃及執行公法上金錢給付義務之強制執行事項。

三、廉政署：規劃廉政政策及執行反貪、防貪及肅貪事項。

四、矯正署：規劃矯正政策，指揮、監督所屬矯正機關（構）執行收容人之戒護管理、教化輔導、衛生醫療、假釋審查、作業及技能訓練等事項。

五、最高檢察署：提起非常上訴、指揮偵查及辦理其他法令所定職務之執行事項。

六、臺灣高等檢察署：辦理與指揮監督所屬各級檢察署及其檢察分署實施偵查、實行公訴、刑事執行及其他法令所定職務之執行事項。

第 6 條　本部設司法人員培訓機關，並辦理犯罪、刑事政策研究，其組織以法律定之。

第 7 條　本部各職稱之官等職等及員額，另以編制表定之。

第 8 條　本法施行日期，由行政院以命令定之。

十一、「文化部」：文化部組織法

民國 100 年 06 月 29 日

第 1 條　行政院為辦理全國文化業務，特設文化部（以下簡稱本部）。

第 2 條　本部掌理下列事項：

一、文化政策與相關法規之研擬、規劃及推動。
二、文化設施與機構之興辦、督導、管理、輔導、獎勵及推動。
三、文化資產、博物館、社區營造之規劃、輔導、獎勵及推動。
四、文化創意產業之規劃、輔導、獎勵及推動。
五、電影、廣播、電視、流行音樂等產業之規劃、輔導、獎勵及推動。
六、文學、多元文化、出版產業、政府出版品之規劃、輔導、獎勵及推動。
七、視覺藝術、公共藝術、表演藝術、生活美學之規劃、輔導、獎勵及推動。
八、國際及兩岸文化交流事務之規劃、輔導、獎勵及推動。
九、文化人才培育之規劃、輔導、獎勵及推動。
十、其他有關文化事項。

第 3 條 本部置部長一人，特任；政務次長二人，職務比照簡任第十四職等；常務次長一人，職務列簡任第十四職等。

第 4 條 本部置主任秘書，職務列簡任第十二職等。

第 5 條 本部之次級機關及其業務如下：
一、文化資產局：辦理文化資產之保存、維護、活用、教育、推廣、研究及獎助事項。
二、影視及流行音樂產業局：執行電影、廣播、電視及流行音樂產業之輔導、獎勵及管理事項。

第 6 條 本部為應業務需要，得報請行政院核准，派員駐境外辦事，並依駐外機構組織通則規定辦理。

第 7 條 本部各職稱之官等職等及員額，另以編制表定之。

第 8 條 本法施行日期，由行政院以命令定之。

十二、「衛生福利部」：衛生福利部組織法

民國 107 年 06 月 13 日

第 1 條 行政院為辦理全國衛生及福利業務，特設衛生福利部（以下簡稱本部）。

第 2 條 本部掌理下列事項：
一、衛生福利政策、法令、資源之規劃、管理、監督與相關事務之調查研究、管制考核、政策宣導、科技發展及國際合作。
二、全民健康保險、國民年金、長期照顧（護）財務之政策規劃、管理及監督。
三、生育及托育照護政策規劃、管理及監督。
四、社會救助、社會工作、社會資源運用與社區發展之政策規劃、管理及監督。
五、家庭暴力、性侵害、性騷擾防治與其他保護服務業務之政策規劃、管理及監督。

六、醫事人員、醫事機構、醫事團體與全國醫療網、緊急醫療業務之政策規劃、管理及督導。

七、護理及長期照顧（護）服務、早期療育之政策規劃、管理及監督。

八、原住民族及離島居民醫療、健康照顧（護）、醫護人力培育、疾病防治之政策與法令規劃、管理、監督及研究。

九、心理健康及精神疾病防治相關政策與物質成癮防治之政策規劃、管理及監督。

十、中醫藥發展、民俗調理之政策規劃、管理、監督及研究。

十一、所屬中醫藥研究、醫療機構與社會福利機構之督導、協調及推動。

十二、口腔健康及醫療照護之政策規劃、管理、監督及研究。

十三、其他有關衛生福利事項。

第 3 條　本部置部長一人，特任；政務次長二人，職務比照簡任第十四職等；常務次長一人，職務列簡任第十四職等，必要時得依醫事人員人事條例規定，由任師（一）級職務六年以上之相關醫事人員擔任。

第 4 條　本部置主任秘書，職務列簡任第十二職等。

第 5 條　本部之次級機關及其業務如下：

一、疾病管制署：規劃與執行傳染病之預防及管制事項。

二、食品藥物管理署：規劃與執行食品、藥物與化粧品之管理、查核及檢驗事項。

三、中央健康保險署：規劃及執行全民健康保險事項。

四、國民健康署：規劃與執行國民健康促進及非傳染病之防治事項。

五、社會及家庭署：規劃與執行老人、身心障礙者、婦女、兒童及少年福利及家庭支持事項。

六、國民年金局：執行國民年金事項。國民年金局未設立前，其業務得委託其他政府機關（構）執行。

第 6 條　本部為應業務需要，得報經行政院核准，派員駐境外辦事，並依駐外機構組織通則規定辦理。

第 7 條　本部有關醫事業務司司長或副司長其中一人及技監、簡任技正員額總數五分之一，必要時得依醫事人員人事條例規定，由師（一）級之相關醫事人員擔任。

本部各職稱之官等職等及員額，另以編制表定之。

第 8 條　本法施行日期,由行政院以命令定之。
本法修正條文自公布日施行。

十三、「勞動部」:勞動部組織法

民國 103 年 01 月 29 日

第 1 條　行政院為辦理全國勞動業務,特設勞動部(以下簡稱本部)。

第 2 條　本部掌理下列事項:
一、勞動政策規劃、國際勞動事務之合作及研擬。
二、勞動關係制度之規劃及勞動關係事務之處理。
三、勞工保險、退休、福祉之規劃、管理及監督。
四、勞動基準與就業平等制度之規劃及監督。
五、職業安全衛生與勞動檢查政策規劃及業務推動之監督。
六、勞動力供需預測、規劃與勞動力發展及運用之監督。
七、勞動法律事務之處理與相關法規之制(訂)定、修正、廢止及解釋。
八、勞動統計之規劃、彙整、分析及管理。
九、勞動與職業安全衛生之調查及研究。
十、其他有關勞動事項。

第 3 條　本部置部長一人,特任;政務次長二人,職務比照簡任第十四職等;常務次長一人,職務列簡任第十四職等。

第 4 條　本部置主任秘書,職務列簡任第十二職等。

第 5 條　本部之次級機關及其業務如下:
一、勞工保險局:執行勞工保險、就業保險、積欠工資墊償及勞工退休金收支等事項。
二、勞動力發展署:執行職業訓練、技能檢定、就業服務、技能競賽與跨國勞動力聘僱許可及管理等勞動力發展運用相關事項,及統籌相關政策之規劃。
三、勞動基金運用局:統籌管理本部各類基金運用等事項。

四、職業安全衛生署：統籌政策規劃並執行職業安全衛生、勞工健康、職業病防治、職業災害勞工保護、職業安全衛生與勞動條件檢查及監督等事項。

第 6 條　本部為應業務需要，得報請行政院核准，派員駐境外辦事，並依駐外機構組織通則規定辦理。

第 7 條　本部各職稱之官等職等及員額，另以編制表定之。原勞工保險監理委員會（以下簡稱勞保監理會）移入之三十九人，不納入中央政府機關總員額法所定員額範圍。

第 8 條　本法施行前，原勞保監理會具有公務人員任用資格之現職人員，其有關比照改任官職等級及退撫事項，由考試院會同行政院另以辦法定之。但依該辦法改任之人員經銓敘部審定之官職等、俸級所支給之俸給，如低於本法施行前之薪給者，准依其意願補足差額，其差額並隨同待遇調整而併銷，支領差額期間不得請領生活津貼；或選擇不補足差額，並依規定請領生活津貼。

前項人員，不受公務人員考試法、公務人員任用法有關特考特用及轉調規定之限制。但再轉調時，以原請辦考試機關及所屬機關、本部之職務為限。

本法施行前，原勞保監理會未具有公務人員任用資格之現職人員，得適用原有關法令之規定，繼續任用至離職或退休時為止。

本法施行前，原勞保監理會僱用之雇員、約聘審查員、臨時審查員及業務佐理，於本法施行後，均列冊管制繼續任原職，並依原適用法令規定之標準，繼續辦理至離職或退休時為止。

本法施行前，原勞保監理會正式編制內之工員，依工友管理要點規定繼續僱用，有關比照支領餉給事項依該要點規定辦理。其所支給之餉給低於本法施行前之薪給者，准依其意願補足差額，其差額並隨同待遇調整而併銷，支領差額期間不得請領生活津貼；或選擇不補足差額，並依規定請領生活津貼。

第一項及第五項所稱待遇調整，指全國軍公教員工待遇之調整、職務調動（升）、年度考績（核）晉級或升等所致之待遇調整。

第 9 條　本法施行日期，由行政院以命令定之。

十四、「科技部」：科技部組織法

民國 108 年 12 月 11 日

第 1 條　行政院為推動全國科學發展與技術研究及應用等相關業務，特設科技部（以下簡稱本部）。

第 2 條　本部掌理下列事項：
一、規劃國家科技發展政策。
二、政府科技發展計畫之綜合規劃、協調、評量考核及科技預算之審議。
三、推動基礎及應用科技研究。
四、推動重大科技研發計畫及支援學術研究。
五、產業前瞻技術研發政策之規劃、推動、管理、技術評估。
六、發展科學園區。
七、管理行政院國家科學技術發展基金。
八、其他有關科技發展事項。

第 3 條　本部置部長一人，特任；政務次長二人，職務比照簡任第十四職等；常務次長一人，職務列簡任第十四職等。

第 4 條　本部置主任秘書，職務列簡任第十二職等。

第 5 條　本部之次級機關及其業務如下：
一、新竹科學園區管理局：執行科學園區設置管理條例所定事項。
二、中部科學園區管理局：執行科學園區設置管理條例所定事項。
三、南部科學園區管理局：執行科學園區設置管理條例所定事項。

第 6 條　本部為應業務需要，得報請行政院核准，派員駐境外辦事，並依駐外機構組織通則規定辦理。
前項駐外人員擔任駐外機構科技單位主管職務，必要時得借調專科以上學校具教授資格者聘任之；聘任期間不得超過四年，期滿應即歸建。

第 7 條　本部自然科學及永續研究發展司、工程技術研究發展司、生命科學研究發展司、人文及社會科學研究發展司、科教發展及國際合作司之司長職務，必要時得比照專科以上學校教授之資格聘任；其退休、撫卹比照教師相關規定辦理，並由本部核定之。

第 8 條　本部為應全球科技快速發展，多元化進用科學技術人才，以提升我國科技競爭力，得依聘用人員聘用條例之規定，聘用自然科學、工程技術、生命科學、人文及社會科學、科教發展、國際科技合作、永續發展研究、產學及應用科技、科技政策及管理等領域科技專業人員，其聘用員額不得超過一百一十人。

第 9 條　本部各職稱之官等職等及員額，另以編制表定之。

第 10 條　本法施行日期，由行政院以命令定之。
　本法修正條文自公布日施行。

組織改造行政院二級機關 8 會之組織法條文

一、「僑務委員會」：僑務委員會組織法

民國 100 年 11 月 14 日

第 1 條 行政院為辦理僑務行政及輔導華僑事業事務，特設僑務委員會（以下簡稱本會）。

第 2 條 本會掌理下列事項：
一、僑民教育與經濟事務之規劃、辦理、輔導及聯繫。
二、僑團、僑社、僑生與海外華裔青年事務之規劃、辦理、輔導及聯繫。
三、僑民權益之維護及身分證明之核發。
四、僑務資訊之蒐集及僑情之報導。
五、其他有關僑務工作事項。

第 3 條 本會置委員長一人，特任；副委員長二人，其中一人職務比照簡任第十四職等，另一人職務列簡任第十四職等。

第 4 條 本會置僑務委員九十人至一百八十人，任期三年，為無給職。

第 5 條 本會置主任秘書，職務列簡任第十二職等。

第 6 條 本會為應業務需要，得報請行政院核准，派員駐境外辦事，並依駐外機構組織通則規定辦理。

第 7 條 本會各職稱之官等職等及員額，另以編制表定之。

第 8 條 本法施行日期，由行政院以命令定之。

二、「國軍退除役官兵輔導委員會」：國軍退除役官兵輔導委員會組織法

民國 102 年 07 月 03 日

第 1 條　行政院為辦理國軍退除役官兵輔導業務，特設國軍退除役官兵輔導委員會（以下簡稱本會）。

第 2 條　本會掌理下列事項：
一、退除役官兵輔導之綜合規劃。
二、退除役官兵之服務、照顧及救助。
三、退除役官兵之就養、養護及權益。
四、退除役官兵之就學、就業及職業訓練。
五、退除役官兵之就醫、保健及長期照護。
六、退除役官兵之退除給付發放。
七、所屬服務、安養、職業訓練、醫療、事業、勞務及農場機構之督導、協調及推動。
八、其他有關退除役官兵輔導事項。

第 3 條　本會置主任委員一人，特任；副主任委員三人，其中二人職務比照簡任第十四職等；另一人職務列簡任第十四職等。
本會置委員九人至十三人，由行政院院長派兼或聘兼之。

第 4 條　本會置主任秘書，職務列簡任第十二職等。

第 5 條　本會各職稱之官等職等及員額，另以編制表定之。

第 6 條　本法施行日期，由行政院以命令定之。

三、「大陸委員會」：大陸委員會組織法

民國 107 年 06 月 13 日

第 1 條　行政院為統籌處理有關大陸事務，特設大陸委員會（以下簡稱本會）。

第 2 條　本會統籌協調或處理下列事項：

一、各主管機關辦理臺灣地區與大陸地區人民關係條例及香港澳門關係條例規定事項之協調、審議等。

二、地方自治團體從事大陸事務相關事項。

三、政府委託中介團體處理大陸事務之授權及監督事宜。

第 3 條　本會掌理下列事項：

一、整體兩岸關係情勢研判、政策規劃、審議及協調。

二、兩岸文教政策、交流及協商等業務之統合規劃、審議及協調。

三、兩岸經貿政策、交流及協商等業務之統合規劃、審議及協調。

四、兩岸法政政策、法規、交流及協商等業務之統合規劃、審議及協調。

五、關於香港與澳門政策、法規、交流及協商等業務之統合規劃、審議及協調。

六、大陸政策國會聯繫、國內外溝通說明與新聞發布之研擬、規劃、協調及執行。

第 4 條　本會置主任委員一人，特任；副主任委員三人，其中二人職務比照簡任第十四職等；另一人職務列簡任第十四職等。

第 5 條　本會置委員十七人至二十七人，由行政院院長派兼或聘兼之。

本會委員會議，由主任委員召集之。

有關大陸政策及重要工作事項，需經委員會議審議協調或議決之。

第 6 條　本會置主任秘書，職務列簡任第十二職等。

第 7 條　本會得視業務需要，於境外設辦事機構，並得準用駐外機構任免遷調、指揮監督、待遇福利等相關規定辦理；其組織規程，由本會擬訂，報請行政院核定之。

第 8 條　本會各職稱之官等職等及員額，另以編制表定之。

第 9 條　本會得視業務需要，遴聘學者、專家為諮詢委員。

第 10 條　本法施行日期，由行政院以命令定之。

四、「原住民族委員會」：原住民族委員會組織法

民國 103 年 01 月 29 日

第 1 條　行政院為統合原住民族政策，保障原住民族權益，辦理原住民族業務，特設原住民族委員會（以下簡稱本會）。

第 2 條　本會掌理下列事項：
一、原住民族政策、制度、法規之綜合規劃、協調及推動。
二、原住民身分與原住民族之認定、部落之核定、原住民族自治與原住民族國際交流之規劃、審議、協調及推動。
三、原住民族教育、文化、語言保存與傳承及傳播媒體之規劃、審議、協調及推動。
四、原住民健康促進、社會福利、工作權保障、就業服務、法律服務之規劃、協調及推動。
五、原住民族經濟、觀光、產業、金融服務、住宅、原住民族地區部落基礎建設與傳統智慧創作保護之規劃、協調及推動，原住民族綜合發展基金之規劃、管理及輔導。
六、原住民族土地、海域、自然資源及傳統生物多樣性知識之調查、規劃、協調、保護、利用、管理，原住民族傳統領域之研究、調查、諮商、規劃、協調、公告、權益回復及糾紛處理。
七、所屬原住民族文化發展機構之督導、協調及推動。
八、其他有關原住民族事項。

第 3 條　本會置主任委員一人，特任，由原住民擔任；副主任委員三人，其中二人職務比照簡任第十四職等，另一人職務列簡任第十四職等；副主任委員中，二人應由原住民擔任，且職務列簡任第十四職等者，應具原住民身分。

第 4 條　本會置委員十九人至二十九人，其中原住民族各族代表應至少一人依聘用人員聘用條例聘用，其聘期隨主任委員異動而更易；餘均為無給職，由主任委員提請行政院院長就原住民族代表、有關機關代表及學者、專家派（聘）兼之，任期二年，任滿得連任，但委員為有關機關代表者，其任期隨職務異動而更易。
前項委員，應有二分之一以上人數具原住民族身分。

第 5 條　本會置主任秘書,職務列簡任第十二職等。

第 6 條　本會各職稱之官等職等及員額,另以編制表定之。
前項人員,簡任、薦任、委任各官等人員具原住民身分者,均不得低於百分之六十。本法所定進用原住民比例,現有員額未達比例者,俟非原住民公務人員出缺後,再行進用補足。

第 7 條　本法施行日期,由行政院以命令定之。

五、「客家委員會」:客家委員會組織法

民國 100 年 06 月 29 日

第 1 條　行政院為統籌辦理有關客家事務,特設客家委員會(以下簡稱本會)。

第 2 條　本會掌理下列事項:
一、客家事務政策、制度、法規之綜合規劃、協調及推動。
二、地方及海外客家事務之研議、協調及推動。
三、客語推廣及能力認證之規劃及推動。
四、客家文化保存與發展之規劃、協調及推動。
五、客家文化產業發展、創新育成與行銷輔導之規劃、協調及推動。
六、客家傳播媒體發展、語言文化行銷之規劃、協調及推動。
七、所屬客家文化機構之督導、協調及推動。
八、其他有關客家事務事項。

第 3 條　本會置主任委員一人,特任;副主任委員二人,其中一人職務比照簡任第十四職等;另一人職務列簡任第十四職等。

第 4 條　本會置委員二十一人至二十七人,為無給職,由主任委員提請院長就客家地區代表、有關機關代表及學者、專家聘(派)兼之;任期二年,任滿得連任,但委員為有關機關代表者,其任期隨職務異動而更易。

第 5 條　本會置主任秘書,職務列簡任第十二職等。

第 6 條　本會各職稱之官等職等及員額,另以編制表定之。

第 7 條　本法施行日期,由行政院以命令定之。

六、「金融監督管理委員會」：金融監督管理委員會組織法

民國 100 年 06 月 29 日

第 1 條　行政院為健全金融機構業務經營，維持金融穩定及促進金融市場發展，特設金融監督管理委員會（以下簡稱本會）。

第 2 條　本會主管金融市場及金融服務業之發展、監督、管理及檢查業務。
前項所稱金融市場包括銀行市場、票券市場、證券市場、期貨及金融衍生商品市場、保險市場及其清算系統等；所稱金融服務業包括金融控股公司、金融重建基金、中央存款保險公司、銀行業、證券業、期貨業、保險業、電子金融交易業及其他金融服務業；但金融支付系統，由中央銀行主管。
前項所稱銀行業、證券業、期貨業及保險業範圍如下：
一、銀行業：指銀行機構、信用合作社、票券金融公司、信用卡公司、信託業、郵政機構之郵政儲金匯兌業務與其他銀行服務業之業務及機構。
二、證券業：指證券交易所、證券櫃檯買賣中心、證券商、證券投資信託事業、證券金融事業、證券投資顧問事業、證券集中保管事業、都市更新投資信託事業與其他證券服務業之業務及機構。
三、期貨業：指期貨交易所、期貨商、槓桿交易商、期貨信託事業、期貨顧問事業與其他期貨服務業之業務及機構。
四、保險業：指保險公司、保險合作社、保險代理人、保險經紀人、保險公證人、郵政機構之簡易人壽保險業務與其他保險服務業之業務及機構。

第 3 條　本會掌理下列事項：
一、金融制度及監理政策。
二、金融法令之擬訂、修正及廢止。
三、金融機構之設立、撤銷、廢止、變更、合併、停業、解散、業務範圍核定等監督及管理。
四、金融市場之發展、監督及管理。
五、金融機構之檢查。
六、公開發行公司與證券市場相關事項之檢查。
七、金融涉外事項。
八、金融消費者保護。
九、違反金融相關法令之取締、處分及處理。

十、金融監督、管理及檢查相關統計資料之蒐集、彙整及分析。

十一、其他有關金融之監督、管理及檢查事項。

第4條　本會之次級機關及其業務如下：

一、銀行局：規劃、執行銀行市場、票券市場、金融控股公司與銀行業之
監督及管理。

二、證券期貨局：規劃、執行證券、期貨市場與證券、期貨業之監督及管理。

三、保險局：規劃、執行保險市場與保險業之監督及管理。

四、檢查局：規劃、執行金融機構之監督及檢查。

第5條　本會及所屬機關辦理金融檢查，於必要時，得要求金融機構及其關
係人與公開發行公司提示有關帳簿、文件及電子資料檔等資料，或通知被
檢查者到達指定辦公處所備詢。

被檢查者認為檢查人員之檢查為不適當者，得要求本會及所屬機關處理之。

被檢查者提供資料時，檢查者應掣給收據，除涉有金融犯罪嫌疑者外，應
於資料提送完全之日起，十個工作日內發還之。

本會及所屬機關對涉有金融犯罪嫌疑之案件，得敘明事由，報請檢察官許
可，向該管法院聲請核發搜索票後，會同司法警察，進入疑為藏置帳簿、
文件、電子資料檔等資料或證物之處所，實施搜索；搜索時非上述人員不
得參與。經搜索獲得有關資料或證物，統由參加搜索人員，會同攜回本會
及所屬機關，依法處理。

本會及所屬機關為檢查金融犯罪指派之檢查人員依法執行公務時，應出示
身分證明及有關執行職務之證明文件；其未出示者，被檢查者及其關係人
得拒絕之。

第一項所稱關係人之範圍如下：

一、金融機構之負責人與職員。

二、金融機構之關係企業，其範圍適用公司法第三百六十九條之一至第
三百六十九條之三、第三百六十九條之九及第三百六十九條之十一
規定。

本會及所屬機關對妨礙、規避或拒絕第一項檢查、拒不提示有關帳簿、文
件及電子資料檔等資料或無正當理由而拒不到達備詢者，除其他法律另有
規定外，處新臺幣五萬元以上二十五萬元以下罰鍰，並得按次連續處罰至
接受檢查、到場備詢或提出有關帳簿、文件及電子資料檔等資料為止。

第 6 條　本會為辦理監督及管理業務，得向受監理之機構收取監理年費，其中保險機構依實質營業收入，其他機構依年度營業收入之萬分之三至萬分之八計收；監理年費之計繳標準，由本會定之。

本會為辦理金融檢查業務，得參照專門職業及技術人員之收費標準，向受檢機構收取檢查費；其計繳標準，由本會定之。

第 7 條　本會設金融監督管理基金，其收入來源如下：

一、由政府循預算程序之撥款。

二、辦理金融監督、管理及檢查業務，向受本會監督之機構及由本會核發證照之專業人員收取之特許費、年費、檢查費、審查費、執照費、罰鍰收入及其他規費。

三、基金之孳息。

四、其他有關收入。

前項第二款費用收取辦法，由本會定之。

金融監督管理基金支出用途如下：

一、推動保護存款人、投資人及被保險人權益制度研究。

二、推動金融制度、新種金融商品之研究及發展。

三、推動金融資訊公開。

四、推動金融監理人員訓練。

五、推動國際金融交流。

六、行政院核定給與本會及所屬機關人員之特別津貼。

七、其他有關支應金融監理部門特別用途之支出。

前項第六款特別津貼之支付基準，由本會衡酌勞動市場之性質及金融機構薪資水準後擬訂，報請行政院核定。

金融監督管理基金之收支、保管及運用辦法，由行政院定之。

第 8 條　本會辦理金融監督、管理及檢查業務，有涉及中央銀行或其他部會業務事項，其作業規定，由本會定之。

本會對於直轄市、縣（市）政府執行本會主管事項，有指示、監督之責。

第 9 條　本會置主任委員一人，特任；副主任委員二人，其中一人職務比照簡任第十四職等，另一人職務列簡任第十四職等。

本會置委員六人至十二人，其中財政部部長、經濟及能源部部長、法務部部長及本法修正施行前已獲任命之本會專任委員於本法修正施行後原任命

之任期屆滿前，為當然委員，其餘由行政院院長就相關機關首長及具有金融專業相關學識、經驗之人士派（聘）兼之。委員由機關代表擔任者，應隨其本職進退。

本會委員，除前項專任委員外，均為無給職。

第 10 條 本會金融監理業務依法獨立行使職權。

第 11 條 有關違反金融法令之重大裁罰措施，本會於處分後，應於適當時間內對外公布說明；其辦法，由本會定之。

第 12 條 本會置主任秘書，職務列簡任第十二職等。

第 13 條 本會各職稱之官等職等及員額，另以編制表定之。

第 14 條 本會為應業務需要，得報請行政院核准，派員駐境外辦事，並依駐外機構組織通則規定辦理。

第 15 條 為維護金融市場交易秩序，本會得設金融交易監視系統；其管理辦法另定之。

第 16 條 本法施行前，業經行政院專案核准於中華民國九十三年七月一日轉任本會及所屬機關之中央銀行及中央存款保險股份有限公司金融檢查人員，具有公務人員任用資格者，其有關比照改任官職等級及退撫事項，由考試院會同行政院另以辦法訂定。

第 17 條 本會及所屬機關因業務需要，得依聘用人員聘用條例之規定，聘用對衍生性金融商品、資產證券化、投資銀行、融資性租賃、期貨、精算及資訊科技等有專門研究之資深人員六十人至一百人。

七、「國家發展委員會」：國家發展委員會組織法

民國 102 年 08 月 21 日

第 1 條 行政院為辦理國家發展之規劃、協調、審議、資源分配業務，特設國家發展委員會（以下簡稱本會）。

第 2 條　本會掌理下列事項：
一、國家發展政策之綜合性規劃、協調、審議及資源分配。
二、國家發展計畫之綜合性規劃、協調、審議、資源分配及中長程計畫性
　　別平等影響評估之協調。
三、經濟發展政策之綜合性規劃、協調、審議及資源分配。
四、社會發展政策之綜合性規劃、協調、審議及資源分配，地方重要施政、
　　中長程計畫之輔導。
五、產業發展政策之綜合性規劃、協調、審議及資源分配。
六、人力資源發展政策之綜合性規劃、協調、審議及資源分配。
七、國土、區域及離島發展與永續發展政策之綜合性規劃、協調、審議及
　　資源分配。
八、文化與族群發展政策之資源分配協調及審議。
九、管制考核政策之綜合性規劃、協調、審議及資源分配。
十、政府資訊管理政策之綜合性規劃、協調、審議及資源分配。
十一、行政與法制革新政策之綜合性規劃、協調、審議及資源分配，與法
　　　規影響評估之協調。
十二、其他國家發展政策之綜合性規劃、協調、審議及資源分配。

第 3 條　本會置主任委員一人，由行政院政務委員兼任；副主任委員三人，
其中二人職務比照簡任第十四職等；另一人職務列簡任第十四職等。
本會置委員十七人至二十七人，由行政院院長指定行政院政務委員、秘書
長、財政部部長、經濟及能源部部長、交通及建設部部長、勞動部部長、農
業部部長、衛生福利部部長、環境資源部部長、文化部部長、科技部部長、
金融監督管理委員會主任委員、原住民族委員會主任委員、客家委員會主任
委員、行政院主計總處主計長、中央銀行總裁及相關部會首長兼任之。

第 4 條　本會置主任秘書，職務列簡任第十二職等。

第 5 條　本會設檔案管理局，研議及執行政府機關檔案管理應用事項。

第 6 條　本會各職稱之官等職等及員額，另以編制表定之。

第 7 條　本法施行前，原依派用人員派用條例審定准予登記有案之現職人
員，其未具公務人員任用資格者，得繼續留任原職稱原官等之職務至離職
時為止。

第 8 條　本法施行日期，由行政院以命令定之。

八、「海洋委員會」：海洋委員會組織法

民國 104 年 07 月 01 日

第1條 行政院為統合海洋相關政策規劃、協調及推動，並辦理海域與海岸巡防及海洋保育、研究業務，特設海洋委員會（以下簡稱本會）。

第2條 本會掌理下列事項：
一、海洋總體政策與基本法令之統合規劃、審議、協調及推動。
二、海洋產業發展之統合規劃、協調及推動。
三、海洋環境保護、資源管理、永續發展、生物多樣性保育與污染防治之統合規劃、審議、協調及推動。
四、海域與海岸安全統合規劃、審議、協調及推動。
五、海洋文化與教育之統合規劃、協調及推動。
六、海洋科學研究與技術發展之統合規劃、審議、協調及推動。
七、海洋人力資源發展之統合規劃、審議、協調及推動。
八、海洋國際公約內國法化與國際合作之統合規劃、審議、協調及推動。
九、所屬海洋研究及人力發展機構之督導、協調及推動。
十、其他有關海洋事務統合事項。

第3條 本會置主任委員一人，特任；副主任委員三人，其中二人職務比照簡任第十四職等；另一人職務列簡任第十四職等。
本會置委員十七人至十九人，由行政院院長派兼或聘兼之。

第4條 本會置主任秘書，職務列簡任第十二職等。

第5條 本會之次級機關及其業務如下：
一、海巡署：規劃與執行海域及海岸巡防事項。
二、海洋保育署：規劃與執行海洋保育事項。

第6條 本會為應業務需要，得報請行政院核准，派員駐境外辦事，並依駐外機構組織通則規定辦理。

第 7 條　本會各職稱之官等職等及員額，另以編制表定之。

前項編制表列有官等職等之人員，得在不逾編制員額二分之一範圍內，就官階相當之警察、軍職人員及民國八十九年隨業務移撥之關務人員派充之。

第 8 條　本會成立時，由其他機關移撥人員之任用、管理及權利義務，依各該人員身分適用之相關法令辦理。

第 9 條　本法施行日期，由行政院以命令定之。

組織改造行政院相當中央二級4獨立機關之組織法條文

一、「中央選舉委員會」：中央選舉委員會組織法

民國 98 年 06 月 10 日

第 1 條 為貫徹憲法保障民主法治及人民參政權之本旨，統籌辦理公職人員選舉、罷免及公民投票事務，設中央選舉委員會（以下簡稱本會）。

第 2 條 本會掌理下列事項：
一、選舉、罷免、公民投票事務之綜合規劃。
二、選舉、罷免、公民投票事務之辦理及指揮監督。
三、選舉區劃分之規劃辦理。
四、選舉、罷免、公民投票監察事務之處理。
五、政黨及候選人競選費用之補貼。
六、選舉、罷免、公民投票相關選務事項法規制（訂）定、修正及廢止之擬議。
七、其他有關選舉、罷免、公民投票事項。

第 3 條 本會置委員九人至十一人，其中一人為主任委員，特任，對外代表本會；一人為副主任委員，職務比照簡任第十四職等；其餘委員七人至九人。
主任委員、副主任委員及委員均由行政院院長提名經立法院同意後任命。
委員任期為四年，任滿得連任一次。但本法施行後，第一次任命之委員，其中五人之任期為二年。
行政院院長應於委員任滿三個月前，依前項程序提名任命新任委員。委員出缺時，行政院院長應於三個月內，依前項程序補提人選，其繼任委員之任期至原任期屆滿之日為止。但出缺委員所遺任期不足一年，且未逾三人者，不再補提人選。

本會委員應遴選具有法政相關學識、經驗之公正人士擔任。委員中同一黨籍者，不得超過委員總數三分之一。

本會委員除主任委員、副主任委員外，餘為無給職。

本會主任委員、副主任委員及委員有下列情形之一者，得由行政院院長予以免職：

一、因罹病致無法執行職務。

二、違法、廢弛職務或其他失職行為。

三、因案受羈押或經起訴。

第 4 條　主任委員出缺或因故無法行使職權時，由副主任委員代理；主任委員、副主任委員均出缺或因故無法行使職權時，由其他委員互推一人代理主任委員。

第 5 條　本會依據法律，獨立行使職權。

本會委員應超出黨派以外，依法獨立行使職權，於任職期間不得參加政黨活動。

第 6 條　下列事項，應經本會委員會議決議：

一、選舉、罷免、公民投票相關選務事項法規之制（訂）定、修正及廢止之擬議。

二、各項選舉、罷免及公民投票公告事項之審議。

三、違反選舉、罷免及公民投票法規之裁罰事項。

四、重大爭議案件處理。

五、委員提案之事項。

六、其他重大應由委員會議議決事項。

第 7 條　本會委員會議，每月舉行一次，必要時得召開臨時會議，均由主任委員召集之。

前項會議由主任委員擔任主席，主任委員未能出席時，由副主任委員代理。主任委員、副主任委員均不能出席時，由出席委員互推一人為主席；開會時須有全體委員二分之一以上出席始得開議，會議之決議，應有出席委員過半數之同意；如遇重大爭議案件，開會時須有全體委員三分之二以上出席始得開議，會議之決議，應以委員總額過半數之同意行之。各委員對重大爭議案件之決議，得提出協同意見書或不同意見書，併同會議決議一併公布。

本會委員會議，得邀請學者、專家及與主要議題有關之其他機關派員列席，提供諮詢、陳述事實或報告。

第 8 條　本會置主任秘書，職務列簡任第十二職等。

第 9 條　本會為辦理選舉業務，得於直轄市及縣（市）設選舉委員會；其組織以命令定之。

第 10 條　本會各職稱之官等職等及員額，另以編制表定之。

第 11 條　本法施行前原依派用人員派用條例審定准予登記有案之現職人員，其未具公務人員任用資格者，得繼續留任原職稱原官等之職務至離職時為止。

第 12 條　本法施行前已派充之本會委員及巡迴監察員，於本法施行後依第三條規定委員任命之日視為任期屆滿。

第 13 條　本法施行日期，由行政院定之。

二、「公平交易委員會」：公平交易委員會組織法

民國 100 年 11 月 14 日

第 1 條　行政院為維護交易秩序與消費者權益，確保自由與公平競爭，促進經濟之安定與繁榮，特設公平交易委員會（以下簡稱本會）。

第 2 條　本會掌理事項如下：
一、公平交易政策及法規之擬訂。
二、公平交易法之審議。
三、事業活動及經濟情況之調查。
四、違反公平交易法案件之調查及處分。
五、多層次傳銷政策、法規之擬訂及有關案件之調查及處分。
六、公平交易政策及法令之宣導。
七、其他有關公平交易事項。

第 3 條　本會就主管事務，得請省、直轄市、縣（市）政府及鄉（鎮、市）公所協助辦理之。

第 4 條　本會置委員七人，均為專任，任期四年，任滿得連任，由行政院院長提名經立法院同意後任命之，行政院院長為任命時，應指定一人為主任委員，一人為副主任委員。

本會主任委員，特任，對外代表本會；副主任委員，職務比照簡任第十四職等；其餘委員職務比照簡任第十三職等。

本法施行時，如現任委員任期尚未屆滿，由現任委員擔任至其任期屆滿為止，不受前項任期及任命方式之限制。

行政院院長應於委員任滿三個月前，依第一項程序提名新任委員；委員出缺時，其繼任委員之任期至原任期屆滿之日為止。

本會委員任期屆滿未能依前項規定提任時，原任委員之任期得延至新任委員就職前一日止，不受第一項任期之限制。

本法施行後初次提名之委員，除主任委員、副主任委員外，其中三位委員任期二年，不受第一項任期之限制。

本會委員具有同一黨籍者，不得超過委員總額二分之一。

第 5 條　主任委員出缺或因故無法行使職權時，由副主任委員代理；主任委員、副主任委員均出缺或因故無法行使職權時，由行政院院長指定委員一人代理主任委員。

第 6 條　本會委員之任用，應具有法律、經濟、財稅、會計或管理等相關學識及經驗。

本會委員得支行政院核定之調查研究費。

第 7 條　本會委員有下列情形之一者，得由行政院院長予以免職：

一、因罹病致無法執行職務。

二、違法、廢弛職務或其他失職行為。

三、因案受羈押或經起訴。

第 8 條　本會委員須超出黨派以外，於任職期間不得參加政黨活動，並依法獨立行使職權。

第 9 條　本會委員會議職權如下：
一、公平交易及多層次傳銷管理政策之審議。
二、公平交易及多層次傳銷管理法規之審議。
三、執行公平交易法及多層次傳銷管理法施政計畫之審核。
四、執行公平交易法及多層次傳銷管理法之公告案、許可案及處分案之審核。
五、委員提案之審議。
六、其他依法應由委員會議決議事項。

第 10 條　本會每週舉行委員會議一次，必要時，得召開臨時會議。
前項會議以主任委員為主席，主任委員因故不能出席時，由副主任委員代理之。主任委員、副主任委員均不能出席時，由委員互推一人為主席。
會議之決議，應有委員現有總額過半數之出席，及出席委員過半數之同意行之。

第 11 條　委員會議認有必要時，除得邀請學者、專家及與議決事項有關之其他行政機關或事業派員列席，陳述事實或提供意見外，並得依職權或當事人之申請，通知當事人或與審議事件有關人員到場說明。
前項列席人員及到場說明人員，於會議表決前，應行退席。

第 12 條　委員會議對外不公開。但委員會議紀錄除應秘密之事項外，應予公開。
委員會議中所有出席、列席及紀錄人員，對會議可否決議之過程及其他經委員會議決議應秘密之事項，不得洩漏。
前項會議可否決議之過程及其他經委員會議決議應秘密之事項，其保密之範圍、解密之條件與期間、對外公開或提供之程序及其他相關事項，由本會定之。

第 13 條　本會置主任秘書，職務列簡任第十二職等。

第 14 條　本會各職稱之官等職等及員額，另以編制表定之。

第 15 條　原經濟部物價督導會報以臨時機關性質依派用人員派用條例審定，准予登記有案之現職人員，未具公務人員任用資格者，得繼續留任原職稱原官等之職務至離職時為止。

第 16 條　本法施行日期，由行政院以命令定之。

三、「國家通訊傳播委員會」：國家通訊傳播委員會組織法

民國 100 年 12 月 28 日

第 1 條　行政院為落實憲法保障之言論自由，謹守黨政軍退出媒體之精神，促進通訊傳播健全發展，維護媒體專業自主，有效辦理通訊傳播管理事項，確保通訊傳播市場公平有效競爭，保障消費者及尊重弱勢權益，促進多元文化均衡發展，提升國家競爭力，特設國家通訊傳播委員會（以下簡稱本會）。

第 2 條　自本會成立之日起，通訊傳播相關法規，包括電信法、廣播電視法、有線廣播電視法及衛星廣播電視法，涉及本會職掌，其職權原屬交通部、行政院新聞局、交通部電信總局者，主管機關均變更為本會。其他法規涉及本會職掌者，亦同。

第 3 條　本會掌理下列事項：

一、通訊傳播監理政策之訂定、法令之訂定、擬訂、修正、廢止及執行。

二、通訊傳播事業營運之監督管理及證照核發。

三、通訊傳播系統及設備之審驗。

四、通訊傳播工程技術規範之訂定。

五、通訊傳播傳輸內容分級制度及其他法律規定事項之規範。

六、通訊傳播資源之管理。

七、通訊傳播競爭秩序之維護。

八、資通安全之技術規範及管制。

九、通訊傳播事業間重大爭議及消費者保護事宜之處理。

十、通訊傳播境外事務及國際交流合作之處理。

十一、通訊傳播事業相關基金之管理。

十二、通訊傳播業務之監督、調查及裁決。

十三、違反通訊傳播相關法令事件之取締及處分。

十四、其他通訊傳播事項之監理。

第 4 條　本會置委員七人，均為專任，任期四年，任滿得連任，由行政院院長提名經立法院同意後任命之，行政院院長為提名時，應指定一人為主任委員，一人為副主任委員。但本法第一次修正後，第一次任命之委員，其中三人之任期為二年。

本會主任委員，特任，對外代表本會；副主任委員，職務比照簡任第十四職等；其餘委員職務比照簡任第十三職等。

本會委員應具電信、資訊、傳播、法律或財經等專業學識或實務經驗。委員中同一黨籍者不得超過委員總數二分之一。

本會委員自本法第一次修正後不分屆次，委員任滿三個月前，應依第一項程序提名任命新任委員。如因立法院不同意或出缺致委員人數未達足額時，亦同。

本會委員任期屆滿未能依前項規定提任時，原任委員之任期得延至新任委員就職前一日止，不受第一項任期之限制。

第一項規定之行使同意權程序，自立法院第七屆立法委員就職日起施行。

第 5 條　主任委員出缺或因故無法行使職權時，由副主任委員代理；主任委員、副主任委員均出缺或因故無法行使職權時，由行政院院長指定委員一人代理主任委員。

第 6 條　本會委員有下列情形之一者，得由行政院院長予以免職：

一、因罹病致無法執行職務。

二、違法、廢弛職務或其他失職行為。

三、因案受羈押或經起訴。

第 7 條　本會委員於擔任職務前三年，須未曾出任政黨專任職務、參與公職人員選舉或未曾出任政府機關或公營事業之有給職職務或顧問，亦須未曾出任由政府機關或公營事業所派任之有給職職務或顧問。但依本法任命之委員、依公務人員任用法或其他法律任用之公務人員，不在此限。

第 8 條　本會依法獨立行使職權。

本會委員應超出黨派以外，獨立行使職權。於任職期間應謹守利益迴避原則，不得參加政黨活動或擔任政府機關或公營事業之職務或顧問，並不得擔任通訊傳播事業或團體之任何專任或兼任職務。

本會委員於其離職後三年內，不得擔任與其離職前五年內之職務直接相關之營利事業董事、監察人、經理、執行業務之股東或顧問。

本會委員於其離職後三年內，不得就與離職前五年內原掌理之業務有直接利益關係之事項，為自己或他人利益，直接或間接與原任職機關或其所屬機關接洽或處理相關業務。

第 9 條　本會所掌理事務，除經委員會議決議授權內部單位分層負責者外，應由委員會議決議行之。

下列事項應提委員會議決議，不得為前項之授權：

一、通訊傳播監理政策、制度之訂定及審議。

二、通訊傳播重要計畫及方案之審議、考核。

三、通訊傳播資源分配之審議。

四、通訊傳播相關法令之訂定、擬訂、修正及廢止之審議。

五、通訊傳播業務之公告案、許可案與涉及通訊傳播事業經營權取得、變更或消滅之處分案之審議。

六、編制表、會議規則及處務規程之審議。

七、內部單位分層負責明細表之審議。

八、預算及決算之審核。

九、其他依法應由委員會議決議之事項。

人事室、主計室及政風室以外單位主管任免之遴報，由主任委員行之。

第 10 條　本會每週舉行委員會議一次。必要時，得召開臨時會議。

委員會議，由主任委員為主席，主任委員因故不能出席時，由副主任委員代理；主任委員、副主任委員均不能出席時，由其他委員互推一人為主席。

會議之決議，應以委員總額過半數之同意行之。各委員對該決議得提出協同意見書或不同意見書，併同會議決議一併公布之。

本會得經委員會議決議，召開分組委員會議。

本會委員應依委員會議決議，按其專長及本會職掌，專業分工督導本會相關會務。

委員會議開會時，得邀請學者、專家與會，並得請相關機關、事業或團體派員列席說明、陳述事實或提供意見。

委員會議審議第三條或第九條涉及民眾權益重大事項之行政命令、行政計畫或行政處分，應適用行政程序法第一章第十節聽證程序之規定，召開聽證會。

第 11 條　本會置主任秘書，職務列簡任第十二職等。

第 12 條　本會各職稱之官等職等及員額，另以編制表定之。

第 13 條　本會得商請警政主管機關置專責警察，協助取締違反通訊傳播法令事項。

第 14 條 本會所需之人事費用，應依法定預算程序編定；本會委員得支領經行政院核定之調查研究費。

本會依通訊傳播基本法第四條規定設置通訊傳播監督管理基金；基金來源如下：

一、由政府循預算程序之撥款。

二、本會辦理通訊傳播監理業務，依法向受本會監督之事業收取之特許費、許可費、頻率使用費、電信號碼使用費、審查費、認證費、審驗費、證照費、登記費及其他規費之百分之五至十五。但不包括政府依公開拍賣或招標方式授與配額、頻率及其他限量或定額特許執照所得之收入。

三、基金之孳息。

四、其他收入。

通訊傳播監督管理基金之用途如下：

一、通訊傳播監理業務所需之支出。

二、通訊傳播產業相關制度之研究及發展。

三、委託辦理事務所需支出。

四、通訊傳播監理人員訓練。

五、推動國際交流合作。

六、其他支出。

通訊傳播監督管理基金之收支、保管及運用辦法，由行政院定之。

第二項第二款至第四款之基金額度無法支應通訊傳播監督管理基金之用途時，應由政府循公務預算程序撥款支應。

第 15 條 本法施行前，交通部郵電司、交通部電信總局及行政院新聞局廣播電視事業處之現職人員隨業務移撥至本會時，其官等、職等、服務年資、待遇、退休、資遣、撫卹、其他福利及工作條件等，應予保障。

前項人員原依交通事業人員任用條例第八條第一項規定轉任者，仍適用原轉任規定。但再改任其他非交通行政機關職務時，仍應依交通事業人員任用條例第八條第二項規定辦理。

第一項人員所任新職之待遇低於原任職務，其本（年功）俸依公務人員俸給法第十一條規定核敘之俸級支給，所支技術或專業加給較原支數額為低者，准予補足差額，其差額並隨同待遇調整而併銷。主管人員經調整為非主管人員者，不再支領主管職務加給。

第一項人員，原為中華民國八十五年七月一日電信總局改制之留任人員，及自中華民國八十五年七月一日起至中華民國八十七年六月三十日期間由中華電信股份有限公司商調至電信總局之視同留任人員，已擇領補足改制前後待遇差額且尚未併銷人員，仍得依補足改制前後待遇差額方式辦理。

本法施行前，原中華民國八十五年七月一日電信總局改制之留任人員，其自中華民國八十四年七月一日至中華民國八十五年六月三十日止，如未自行負擔補繳該段年資退撫基金費用本息，仍應准視同中華民國八十四年七月一日公務人員退休法修正施行前之任職年資予以採計。第四項人員，曾具電信總局改制前依交通部核備之相關管理法規僱用之業務服務員、建技教員佐（實習員佐）、差工之勞工年資，其補償方式，仍依行政院規定辦理。

第 16 條　本法施行日期，由行政院以命令定之。

四、「國家運輸安全調查委員會」：國家運輸安全調查委員會組織法

民國 108 年 04 月 24 日

第 1 條　行政院為獨立公正調查航空、鐵道、水路及公路之重大運輸事故，特設國家運輸安全調查委員會（以下簡稱本會），為相當中央三級獨立機關。

第 2 條　本會掌理下列事項：
一、重大運輸事故之通報處理、調查、肇因鑑定及分析、提出調查報告及運輸安全改善建議。
二、運輸事故趨勢分析、運輸安全改善建議之追蹤及運輸安全專案研究。
三、運輸事故調查技術之研究發展、能量建立、紀錄器解讀及工程分析。
四、運輸事故調查法令之擬訂、修正及廢止。
五、國內、外運輸事故調查組織與運輸安全組織之協調及聯繫。
六、其他有關重大運輸事故之調查事項。

第 3 條　本會依法獨立行使職權。
本會置委員九人至十一人，其中一人為主任委員，職務比照簡任第十四職等，對外代表本會；一人為副主任委員，職務比照簡任第十三職等；其餘

專任委員三人，職務比照簡任第十二職等；兼任委員四人至六人。

主任委員、副主任委員及專任委員由行政院院長任命，其餘委員由行政院院長就有關機關人員或學者、專家分別聘（派）兼之，任期四年，任滿得連任。

本會委員聘用要點，由本會另定之。

本會委員任期屆滿前三個月或出缺三個月內，應依第三項程序任命新任委員；委員出缺時，其繼任委員之任期至原任期屆滿之日為止。但本法修正施行後，第一次任命之委員，其中五人之任期為二年，不受第三項任期之限制。

本會委員應具有運輸、航空、水路、鐵道、公路、管理、法律、心理、醫學、氣象、機械、電子、工程或其他運輸事故調查相關學識及經驗。

本會委員中具有同一黨籍者，不得超過委員總額二分之一。

本會委員有下列情形之一者，得由行政院院長予以免職或免兼：

一、因罹病致無法執行職務。

二、違法、廢弛職務或其他失職行為。

三、因案受羈押或經起訴。

本會委員於任職期間應謹守利益迴避原則，兼任委員本人並準用公職人員利益衝突迴避法；另本會主任委員、副主任委員及專任委員任職期間不得兼任公營事業機構或公司代表官股之董事或監察人，並不得兼任與交通運輸相關之事業或團體之職務。

本會主任委員、副主任委員離職後三年內，不得擔任與交通運輸相關之營利事業董事、監察人、經理、執行業務之股東或顧問。

本會專任委員離職後三年內，不得擔任曾調查或處理之交通運輸營利事業董事、監察人、經理、執行業務之股東或顧問。

本會委員於離職後三年內，不得就第二條第一款及第六款所定本會掌理且有直接利益關係之事項，為自己或他人利益，直接或間接與本會接洽或處理相關業務。

第 4 條　主任委員出缺或因故無法行使職權時，由副主任委員代理；主任委員、副主任委員均出缺或因故無法行使職權時，由行政院院長指定委員一人代理主任委員。

第 5 條　下列事項，應經本會委員會議決議：

一、重大運輸事故調查報告之審議。

二、重大運輸事故重新調查之審議。

三、重大運輸事故調查相關法規之審議。

四、本會與其他相關機關協調聯繫作業機制之審議。

五、本會年度預算及決算之審議。

六、委員提案之審議。

七、其他依法應由委員會議決議事項。

第 6 條　本會委員會議每月舉行一次，由主任委員召集之，必要時得召開臨時會議。

前項會議，由主任委員擔任主席，主任委員因故不能出席時，由副主任委員代理。主任委員、副主任委員均不能出席時，由其他委員互推一人為主席。

本會委員會議之決議，應有全體委員過三分之二出席，出席委員過半數之同意行之。

委員會議開會時，得邀請學者、專家與會，並得請相關機關（構）、事業或團體派員列席說明、陳述事實或提供意見。

本會委員會議對外不公開。但委員會議紀錄，依政府資訊公開法第七條規定，主動公開。

第 7 條　本會置主任秘書，職務列簡任第十一職等。

第 8 條　本會得依聘用人員聘用條例之規定，聘用相關專業人員。

前項人員離職後三年內，不得擔任離職前五年內曾調查或處理之交通運輸營利事業董事、監察人、經理、執行業務之股東或顧問。

第 9 條　本會各職稱之官等職等及員額，另以編制表定之。

第 10 條　本法修正施行前已聘兼之飛航安全調查委員會委員，於本法修正施行後依第三條規定委員任命之日視為任期屆滿。

第 11 條　本法施行日期，由行政院以命令定之。

組織改造行政院所屬1行
之組織法條文

◎「中央銀行」：中央銀行法

民國 103 年 01 月 08 日

第一章　總則

第 1 條　中央銀行（以下簡稱本行）為國家銀行，隸屬行政院。

第 2 條　本行經營之目標如左：
一、促進金融穩定。
二、健全銀行業務。
三、維護對內及對外幣值之穩定。
四、於上列目標範圍內，協助經濟之發展。

第 3 條　本行設總行於中央政府所在地，並得於國內設立分行及辦事處；必要時得於國外設立辦事處。分行及辦事處之設立、裁撤，須經理事會決議，報請行政院核准。

第 4 條　本行資本，由國庫撥給之。其資本全部為中央政府所有，不得轉讓。

第二章　組織

第 5 條　本行設理事會，置理事十一人至十五人，由行政院報請總統派充之，並指定其中五人至七人為常務理事，組織常務理事會。
前項理事，除本行總裁、財政部長及經濟部長為當然理事，並為常務理事外，應有實際經營農業、工商業及銀行業者至少各一人。
除當然理事外，理事任期為五年，期滿得續派連任。

第 6 條　理事會之職權如下：
一、有關貨幣、信用及外匯政策事項之審議及核定。
二、本行資本額調整之審議。
三、本行業務計畫之核定。
四、本行預算及決算之審議。
五、本行重要規章之審議及核定。
六、本行內部單位、分行、辦事處及附屬機構設立、調整及裁撤之審議或
　　核定。
七、本行內部單位、分行、辦事處及附屬機構主管任免之核定。
八、理事提議事項之審議。
前項各款職權，理事會得以一部或全部授權常務理事會。常務理事會之決
議，應報請理事會追認。
理事會應訂定會議規則，並報請行政院備查。

第 7 條　本行設監事會，置監事五人至七人，由行政院報請總統派充之。行
政院主計長為當然監事。
除當然監事外，監事任期為三年，期滿得續派連任。
監事會置主席一人，由監事互推之。

第 8 條　監事會之職權如左：
一、本行資產、負債之檢查。
二、本行帳目之稽核。
三、本行貨幣發行準備之檢查。
四、本行貨幣發行數額之查核。
五、本行決算之審核。
六、違反本法及本行章則情事之調查，並提請理事會予以糾正。

第 9 條　本行置總裁一人，特任；副總裁二人，職務比照簡任第十四職等，
任期均為五年；期滿得續任命之。
前項副總裁職務比照簡任第十四職等之規定，於本法中華民國一百年四月
八日修正之條文施行後任命之副總裁適用之。

第 10 條　總裁綜理行務，執行理事會之決議，對外代表本行；副總裁輔佐總
裁處理行務。

總裁為理事會及常務理事會之主席，總裁缺席時，由代理總裁職務之副總裁代理之。

第 11 條 本行總行所設內部單位定名為局、處、室。
本行各職稱之職等及員額，另以編制表定之。

第 11-1 條 除本法及其他法律就總裁、副總裁之任免、俸給、退職及撫卹有特別規定者外，本行人員之任（派）免、薪給、獎金、福利、考核、獎懲、退休、撫卹、資遣及其他人事管理事項之準則，由本行擬訂，經理事會決議後，報請行政院核定。

第三章　業務

第 12 條 本行業務，除法令另有規定外，其範圍如左：
一、政府機關。
二、銀行及其他金融機構。
三、國際及國外金融機構。

第 13 條 中華民國貨幣，由本行發行之。
本行發行之貨幣為國幣，對於中華民國境內之一切支付，具有法償效力。
貨幣之印製及鑄造，由本行設廠專營並管理之。

第 14 條 本行於必要時得分區委託公營銀行代理發行貨幣，視同國幣；其有關發行之資產與負債，均屬於本行。

第 15 條 國幣之基本單位為圓，輔幣為角、分，拾分為壹角，拾角為壹圓。
本行所發行紙幣及硬幣之面額、成分、形式及圖案，由本行擬定，報請行政院核定之。
本行應將紙幣及硬幣之規格於發行前公告之。

第 16 條 本行發行及委託發行之貨幣，應以金銀、外匯、合格票據及有價證券，折值十足準備。
硬幣免提發行準備。

第 17 條 本行發行及委託發行之貨幣數額及準備狀況，應定期公告之。

第 18 條 本行對污損或破損而不適流通之紙幣及硬幣，應按所定標準予以收兌，並依法銷燬之。

本行對已發行之貨幣，得公告予以收回。經公告收回之貨幣，依公告規定失其法償效力。但公告收回期間不得少於一年，期內持有人得向本行兌換等值之貨幣。

第 18-1 條　攜帶或寄送國幣出入境之限額，由本行定之。

攜帶或寄送國幣出入境超過本行依前項規定所定限額者，其超過部分，應予退運。

第 18-2 條　金融機構及經本行指定辦理外匯業務之其他事業經收之國幣或外國貨幣有偽造或變造者，除有犯罪嫌疑，應報請司法機關偵辦外，應予截留、作廢並銷燬；其處理辦法，由本行定之。

第 18-3 條　本行得發行金銀幣及紀念性券幣；其發行辦法，由本行定之。

前項券幣，得高於面額另定價格發售或轉售。

第 19 條　本行得對銀行辦理左列各項融通：

一、合格票據之重貼現，其期限：工商票據不得超過九十天；農業票據不得超過一百八十天。

二、短期融通，其期限不得超過十天。

三、擔保放款之再融通，其期限不得超過三百六十天。

本行對銀行之重貼現及其他融通，得分別訂定最高限額。

第 20 條　本行為協助經濟建設，得設立各種基金，運用金融機構轉存之儲蓄存款及其他專款，辦理對銀行中、長期放款之再融通。

第 21 條　本行之重貼現率及其他融通利率，由本行就金融及經濟狀況決定公告之。但各地區分行得因所在地特殊金融狀況，酌定其重貼現率及其他融通利率，報經總行核定公告之。

第 22 條　本行得視金融及經濟狀況，隨時訂定銀行各種存款之最高利率，並核定銀行公會建議之各種放款利率之幅度。

第 23 條　本行收管應適用銀行法規定之金融機構存款及其他各種負債準備金，並得於左列最高比率範圍內隨時調整各種存款及其他負債準備金比率，其調整及查核辦法，由本行定之：

一、支票存款，百分之二十五。

二、活期存款，百分之二十五。

三、儲蓄存款，百分之十五。

四、定期存款，百分之十五。

五、其他各種負債，百分之二十五。

前項其他各種負債之範圍，由本行另定之。

本行於必要時對自一定期日起之支票存款、活期存款及其他各種負債增加額，得另訂額外準備金比率，不受前項所列最高比率之限制。

本行對繳存準備金不足之金融機構，得就其不足部分按第十九條第一項第二款無擔保短期融通，依第二十一條所定之利率加收一倍以下之利息。

第 24 條 本行依法收管信託投資公司繳存之賠償準備。

第 25 條 本行經洽商金融監督管理委員會後，得隨時就銀行流動資產與各項負債之比率，規定其最低標準。

第 26 條 本行得視金融狀況，於公開市場買賣由政府發行或保證債券及由銀行發行之金融債券與承兌或保證之票據。

第 27 條 本行為調節金融，得發行定期存單、儲蓄券及短期債券，並得於公開市場買賣之。

第 28 條 本行於必要時，得就銀行辦理擔保放款之質物或抵押物，選擇若干種類，規定其最高貸放率。

第 29 條 本行於必要時，得就銀行辦理購建房屋及購置耐久消費品貸款之付現條件及信用期限，予以規定，並管理之。

第 30 條 本行就銀行辦理對證券商或證券金融公司之融通，訂定辦法管理之。

第 31 條 本行認為貨幣及信用情況有必要時，得對全體或任何一類金融機構，就其各類信用規定最高貸放限額。

第 32 條 本行得於總行及分行所在地設立票據交換所，辦理票據交換及各銀行間之劃撥結算。在未設分行地點，並得委託其他公營銀行辦理；票據交換及各銀行間劃撥結算業務管理之辦法，由本行定之。

第 33 條 本行持有國際貨幣準備，並統籌調度外匯。

第 34 條 本行得視對外收支情況，調節外匯供需，以維持有秩序之外匯市場。

第 35 條　本行辦理左列外匯業務：
一、外匯調度及收支計畫之擬訂。
二、指定銀行及其他事業辦理外匯業務，並督導之。
三、外匯之結購與結售。
四、民間對外匯出、匯入款項之審核。
五、民營事業國外借款經指定銀行之保證、管理及其清償、稽催之監督。
六、外國貨幣、票據及有價證券之買賣。
七、外匯收支之核算、統計、分析與報告。
八、其他有關外匯業務事項。
銀行及其他事業申請辦理外匯業務應具備之條件、審查程序、核准指定、業務範圍、廢止指定及其他應遵行事項之辦法，由本行定之。

第 36 條　本行經理國庫業務，經管國庫及中央政府各機關現金、票據、證券之出納、保管、移轉及財產契據之保管事務。
前項業務，在本行未設分支機構地點，必要時得委託其他金融機構辦理。

第 37 條　本行經理中央政府國內外公債與國庫券之發售及還本付息業務；必要時得委託其他金融機構辦理。

第 38 條　本行依本法賦與之職責，於必要時，得辦理金融機構業務之查核及各該機構與本章規定有關業務之專案檢查；並得要求其於限期內據實提報財務報告、財產目錄或其他有關資料及報告。
金融機構或其分支機構之負責人或職員於本行依前項規定派員查核或檢查有關事項，或要求其於限期內據實提報財務報告、財產目錄或其他有關資料及報告時，有下列情形之一者，由本行處金融機構或其分支機構新臺幣二百萬元以上一千萬元以下罰鍰：
一、拒絕接受查核或檢查。
二、隱匿或毀損有關業務或財務狀況之帳冊文件。
三、對檢查人員詢問無正當理由不為答復或答復不實。
四、屆期未提報財務報告、財產目錄或其他有關資料、報告，或提報不實、不全。
金融機構或其分支機構經受罰後，對應負責之人應予求償。

第 39 條 本行為配合金融政策之訂定及其業務之執行，應經常蒐集資料，編製金融統計，辦理金融及經濟研究工作。

第四章　預算及決算

第 40 條 本行應於會計年度開始前，擬編預算，提經理事會議決後，依預算法規定辦理。

第 41 條 本行應於會計年度終了後，辦理決算，提經理事會議決，監事會審核，依決算法規定辦理。

第 42 條 本行每屆決算，於純益項下提百分之五十為法定盈餘公積。法定盈餘公積達當年度資本額時，經理事會議決，監事會同意，得將定率減低。但不得低於百分之二十。

第 43 條 本行以黃金、白銀、外幣及其他國際準備計算之資產或負債，如其價值因國幣平價之改變，或此類資產、負債對國幣之價值、平價或匯率改變而發生利得或損失，均不得列為本行年度損益。

前項變動所生之利得，應列入兌換準備帳戶；其損失應由兌換準備帳戶餘額抵沖。

第五章　附則

第 44 條 本法自公布日施行。

本法修正條文第二十三條施行日期，由行政院定之。

組織改造行政院所屬 1 院 之組織法條文

◎「國立故宮博物院」：國立故宮博物院組織法

民國 97 年 01 月 16 日

第 1 條　為整理、保管、展出原國立北平故宮博物院及國立中央博物院籌備處所藏之歷代古文物及藝術品，並加強對中國古代文物藝術品之徵集、研究、闡揚，以擴大社教功能，特設國立故宮博物院（以下簡稱本院），隸屬於行政院。

第 2 條　本院掌理下列事項：
一、古文物與藝術品之典藏、編目管理、稽查、科技維護及保存修護。
二、古文物與藝術品之研究、分析、考訂及評鑑。
三、古文物與藝術品之蒐購、徵集、寄存、受贈、衍生利用及創意加值。
四、古文物與藝術品之展覽設計、觀眾服務、學術交流、教育推廣、數位學習及國際合作。
五、其他有關古文物與藝術品事項。

第 3 條　本院置院長一人，特任；副院長二人，其中一人職務比照簡任第十四職等；另一人職務列簡任第十四職等，必要時得比照大學校長之資格聘任。

第 4 條　本院置主任秘書，職務列簡任第十二職等。

第 5 條　本院各職稱之官等職等及員額，另以編制表定之。

第 6 條　本院原依雇員管理規則僱用之現職雇員，其未具公務人員任用資格者，得占用書記職缺，繼續僱用至離職時為止。

第 7 條　本院處長、副處長、研究員、副研究員、助理研究員等職務，得準用教育人員任用條例相關規定聘任之。
科長得由副研究員或編審等相當職務人員兼任。

第 8 條　本法自公布日施行。

※ 備註：故宮博物院組織法沿用舊法未隨組織改造有變動或修正。

組織改造行政院所屬 2 總處之組織法條文

一、「行政院人事行政總處」：行政院人事行政總處組織法

民國 100 年 11 月 14 日

第 1 條　行政院為辦理人事行政之政策規劃、執行及發展業務，特設行政院人事行政總處（以下簡稱總處）。

總處有關考銓業務，並受考試院之監督。

第 2 條　總處掌理下列事項：

一、人事法制之研究建議及行政院所屬機關人事行政之綜合規劃。

二、行政院所屬機關及地方機關人事機構設置、人事人員管理、訓練、進修與人事資訊系統之研析、規劃及推動。

三、行政院所屬機關組織結構功能與行政法人制度之研析及推動。

四、機關員額管理之研析、規劃、監督、評鑑與有關法令之研擬及解釋。

五、行政院所屬機關及地方機關公務人員考試分發、任免、級俸與陞遷之規劃、執行及國營事業機構負責人、經理人派免之審核。

六、行政院所屬機關及地方機關公務人員訓練、進修與在職培訓發展之規劃、執行及評鑑。

七、行政院所屬機關及地方機關公務人員服務、差勤之研究建議與辦公時間之規劃、擬議及考績、考核、考成與獎懲之規劃及執行。

八、員工給與之規劃及擬議。

九、行政院所屬機關及地方機關公務人員退休、撫卹之核轉、研究建議與保險、資遣、福利之規劃及執行。

十、其他有關人事行政之政策規劃、執行及發展業務。

第 3 條　總處置人事長一人，特任；副人事長二人，其中一人職務比照簡任第十四職等，另一人職務列簡任第十四職等。

第 4 條　總處置主任秘書，職務列簡任第十二職等。

第 5 條　總處各職稱之官等職等及員額，另以編制表定之。

第 6 條　本法施行日期，由行政院以命令定之。

二、「行政院主計總處」：行政院主計總處組織法

民國 101 年 02 月 03 日

第 1 條　行政院為辦理全國歲計、會計及統計業務，特設行政院主計總處（以下簡稱總處）。

第 2 條　總處掌理下列事項：

一、主計制度之建制、研究發展及管制考核。

二、預算、會計、決算與統計等法規之擬訂、修正、廢止及解釋。

三、公務預算、附屬單位預算之籌劃、審編、執行考核與中央對地方補助制度之規劃及監督。

四、政府會計與決算報告之審編及內部審核實施狀況之督導。

五、國民所得、總資源供需估測、產業關聯、物價、社會指標、綠色國民所得統計之編布、分析及提供。

六、政府統計調查之核議、農林漁牧、工商、服務業、人口、住宅普查、人力資源、薪資、家庭收支調查與國富統計之編布及分析；普查地理資訊系統之建置及維護。

七、政府主計業務資訊化之規劃、開發建置、輔導推廣及維運管理。

八、直轄市、縣（市）政府歲計、會計及統計業務之監督。

九、全國主計人事管理及人員訓練。

十、其他有關歲計、會計及統計事項。

第 3 條　總處置主計長一人，特任；副主計長二人，其中一人職務比照簡任第十四職等，另一人職務列簡任第十四職等。

第 4 條　總處置主任秘書，職務列簡任第十二職等。

第 5 條　總處各職稱之官等職等及員額，另以編制表定之。

第 6 條　全國各級主辦歲計、會計、統計人員，分別對各該管上級機關主辦歲計、會計、統計人員負責，並依法受所在機關長官之指揮。

第 7 條　主計長得依法調用各機關辦理歲計、會計、統計人員。

第 8 條　本法施行日期，由行政院以命令定之。

國家圖書館出版品預行編目資料

邁向進步效能的政府：組織改革紀實 / 呂學樟著.
-- 第一版 . -- 臺北市：商鼎數位 , 2020.2
　　面；　公分
ISBN 978-986-144-180-1(平裝)

1. 政府組織　2. 政府效能　3. 組織再造

　　572.94　　　　　　　　　　　108021233

邁向進步效能的政府 – 組織改造紀實 –

作　　者	**呂學樟**
編 輯 群	徐湘芸、曾明發、楊凱証、劉昊洲 (依姓氏筆劃排列)
發 行 人	王秋鴻
出版單位	商鼎數位出版有限公司
	地址／ 235 新北市中和區中山路三段 136 巷 10 弄 17 號
	電話／ (02)2228-9070　傳真／ (02)2228-9076
	郵撥／第 50140536 號　商鼎數位出版有限公司
	商鼎文化廣場：http://www.scbooks.com.tw
	千華網路書店：http://www.chienhua.com.tw/bookstore
	網路客服信箱：chienhua@chienhua.com.tw
封面設計	李欣潔
內文編排	商鼎數位出版排版部
出版日期	2020 年 2 月 10 日　第一版／第一刷